NEUSTÄDTER
MARKT

SPORTPLA

CAROLA-PLATZ

ELBE

SCHLOSS
PLATZ

NEU MARKT

KT

DIRK SYNDRAM

Das Schloß zu Dresden

Das Dresdner Schloß und der Schloßbezirk in seiner ganzen Ausdehnung vom Zwinger im Westen bis zum Stallgebäude/ Johanneum im Osten

Für Marie Charlotte

Mit Fotografien zum gegenwärtigen Stand
der Sanierung des Schlosses und des Schloßbezirks
von Christine und Günter Starke, Dresden

Die Deutsche Bibliothek – CIP-Einheitsaufnahme
Ein Titeldatensatz für diese Publikation ist bei
Der Deutschen Bibliothek erhältlich

© 2001 Koehler & Amelang Verlagsgesellschaft mbH
München / Berlin
Mit Unterstützung der Staatlichen Kunstsammlungen Dresden
Alle Rechte vorbehalten
Gestaltung und Herstellung: Atelier Fischer, Berlin
Reproduktionen: NovaConcept GmbH, Berlin
Druck- und Bindearbeit: Boschdruck, GmbH, Landshut
ISBN 3-7338-0308-6

DIRK SYNDRAM

Das Schloß zu Dresden

VON DER RESIDENZ ZUM MUSEUM

KOEHLER & AMELANG
MÜNCHEN BERLIN

Inhalt

13 Vorwort

15 **Die Geschichte des Dresdner Schlosses**

90 **Das Schloß**
92 Georgenbau
100 Hausmannsturm
104 Grünes Tor
106 Nordflügel
110 Westflügel
114 Bärengartenflügel
116 Südflügel
118 Torhaus
120 Englische Treppe und Riesensaal
122 Ostflügel
126 Kleiner Schloßhof
128 Großer Schloßhof
134 Schloßkapelle
138 Brücken zum Taschenbergpalais und zur Kathedrale

140 **Der Schloßbezirk**
142 Stallgebäude
144 Stallhof
150 Augustusstraße und Fürstenzug
152 Jagdtor
154 Kanzleihaus
156 Schloßplatz
158 Hofkirche
168 Taschenbergpalais
172 Zwinger
186 Theaterplatz

188 Literatur
190 Bildnachweis

Das Schloß im
Wechsel der
Jahreszeiten

Vorwort

Seit fünfzehn Jahren wird an der stark beschädigten Ruine des Dresdner Schlosses gebaut, zunächst zögernd, später zielstrebig und teilweise mit sehr großem finanziellen Aufwand. Bis auf den Ostflügel, der noch immer deutlich die zerstörerischen Auswirkungen des Zweiten Weltkrieges erkennen läßt, ist der Baukörper des ehemaligen Residenzschlosses wiedererstanden. Im Jahre 2001 wird der Innenausbau beginnen.

Nachdem die Bauzäune, die über Jahrzehnte die Ruine des Fürstensitzes vom Stadtraum abgeschirmt hatten, verschwunden sind und auch die Umgebung des Schlosses sorgfältig gestaltet wurde, kann das Dresdner Schloß in seiner städtebaulichen Bedeutung und architektonischen Qualität wieder erlebt werden.

Die einstige Residenz der sächsischen Könige, die in den nächsten Jahren ihre Umwandlung zu einem der bedeutendsten Museumszentren Europas erfahren wird, blieb aber bisher für die meisten Einwohner und Besucher Dresdens ein unbekannter Baukörper. Obwohl das Dresdner Schloß zu den bedeutendsten Fürstensitzen Deutschlands gehört, ist es heute wohl der am wenigsten bekannte. Das Schloß hat vom 16. bis 18. Jahrhundert mehrfach Phasen erlebte, in denen es einer der wichtigsten deutschen Schloßbauten seiner Zeit war. Im ausgehenden 19. Jahrhundert wurde die Erneuerung des Dresdner Schlosses zu einer der beachtlichsten Leistungen des Historismus in Sachsen. Kaum noch bewußt ist auch, daß das Schloß ursprünglich Mittelpunkt einer wesentlich umfangreicheren Anlage war. Der Residenzbezirk reichte vom Zwinger über den Theaterplatz bis zum Johanneum, dem einstigen Stallgebäude, und schließt die heutige Kathedrale, das Grandhotel im Taschenbergpalais und das Haus der Kathedrale ein.

Die historische Bedeutung der Dresdner Residenz und ihre Stellung in der europäischen Kunstgeschichte werden erst allmählich wieder bewußt. Dieses Buch soll dabei helfen, den Residenzbezirk und das Schloß – die größte Kulturbaustelle Deutschlands außerhalb Berlins – wieder zu entdecken. Es knüpft an die im gleichen Verlag erschienene Publikation über das Grüne Gewölbe an, das als Schatzkammermuseum Augusts des Starken unmittelbar mit dem Dresdner Schloß verbunden ist und in wenigen Jahren wieder an seinen ursprünglichen Ort im Erdgeschoß des Westflügels zurückkehren wird.

*Postkartenansicht mit
einer Luftaufnahme des
Dresdner Schlosses aus dem
Jahre 1928*

Die Geschichte des Dresdner Schlosses

Seit nunmehr fast 800 Jahren existiert im Bereich des Schlosses ein herrschaftlicher Sitz. Das Schloß war Ursprung und wurde zum Mittelpunkt der Stadt Dresden. Es war strategische Festung und Residenz sächsischer Herzöge, Kurfürsten und Könige. Es stand im Zentrum der Repräsentation fürstlichen Machtanspruches, war Hort kostbarer Kunstsammlungen, Sitz der Verwaltung eines der mächtigsten Territorialstaaten des Heiligen Römischen Reiches Deutscher Nation und Wohnung des Fürsten mit seiner vielköpfigen Beamten- und Dienerschaft. Aus der kleinen Burg wurde ein wesentlicher Faktor für die Entwicklung der Stadt. Seine Bewohner sollten bis ins frühe 20. Jahrhundert die kulturelle und künstlerische Entwicklung Dresdens prägen.

Die Anfänge als Burganlage

Am 31. März 1206 unterzeichnete der Meißener Markgraf DIETRICH DER BEDRÄNGTE (reg. 1198 – 1221) aus dem Geschlechte der Wettiner in „Dreseden" eine Urkunde, mit der er in Anwesenheit von 50 Adligen und Dienern einen Grenzkonflikt zwischen dem Burggrafen HEINRICH II. VON DOHNA und dem Bischof DIETRICH II. des Hochstifts Meißen schlichtete. Bei dem dritten an diesem Ort belegten Hoheitsakt des Markgrafen wird die geographische Bezeichnung Dresden („Drezdany" = Ort der Auen- bzw. Sumpflandbewohner) von seinem Beamten am 21. Januar 1216 mit dem Zusatz „civitas" versehen und damit zu einem Stadtnamen. Folgt man den bisherigen Ergebnissen der umfangreichen archäologischen Ausgrabungen im Stadtgebiet, so war der in einer fruchtbaren Erweiterung des Flusstales an einer Furt gelegene Ort Dresden um 1200 noch ein dünnbesiedelter Flecken mit einigen hölzernen Fachwerkhäusern, die von verlandenden Altarmen der Elbe umgeben waren.

Eine befestigte Burg aus Steinen bot dem Wettiner Markgrafen damals wohl noch keinen Schutz. Die ältesten Überreste einer solchen Befestigung können in die erste Hälfte des 13. Jahrhunderts datiert werden. Mit dieser Anlage entstand zugleich der früheste bisher bekannte Steinbau in Dresden. Nachweisen lassen sich im Bereich des späteren Ostflügels und des Großen Schloßhofes unter anderem ein unterkellertes Gebäude sowie Reste einer Ummauerung.

Knapp eine Generation später wurde unter HEINRICH DEM ERLAUCHTEN (reg. 1221 – 1288) die lockere Bebauung beseitigt und durch eine rechteckige Festung ersetzt. An deren Südseite entstand

Untergeschoß des unmittelbar
an den Ostflügel nach Westen
angrenzenden Steinhauses
("Kemenate") aus der ersten
Hälfte des 13. Jahrhunderts.
Ausgegraben 1985,
Fotoaufnahme von 1986

Spätgotischer Pfeiler aus der
um 1470 errichteten Halle
im südlichen Bereich des
Erdgeschosses im Ostflügel

ein 19 m langes und 10 m breites, unterkellertes Steinhaus, die sogenannte Kemenate. Hinzu kamen weitere Gebäude, die einen gepflasterten Hof einfaßten. Bekannt ist, daß der Pracht liebende Markgraf selbst gerne im Meißner Raum weilte und das verkehrsgeographisch günstig gelegene Dresden seit 1268 als seinen bevorzugten Wohnsitz nutzte. Damit wurde Dresden erstmals zur Residenz eines Wettiners. Ob er dazu die vergleichsweise kleine Burganlage nutzte, oder einen am Taschenberg im Bereich der Sophienstraße ergrabenen großen Baukomplex als seine „curia" bewohnte, ist nicht nachweisbar. Trotz der besonderen Gunstbezeugung des Landesherrn entwickelte sich die von den Wettiner Markgrafen planmäßig angelegte Kaufmanns- und Handwerkersiedlung im Schutz der Burg nur ganz allmählich.

Gegen Ende des 13. Jahrhunderts verstärkte man die bereits bestehende, von einem wasserführenden Graben umzogene Umfassungsmauer der markgräflichen Burg mit Türmen und lagerte ihr im Süden eine Art Zwinger vor. Die Anlage, die 1289 erstmals als „castrum" erwähnt wurde, diente nunmehr als befestigter Brückenkopf. Er sollte der wohl im ersten Viertel des 13. Jahrhunderts entstandenen Elbbrücke, die um 1230 erstmals urkundlich überliefert ist und 1287 als „steinern" bezeichnet wurde, Schutz geben. Die markgräfliche Brückenfestung lag mit ihrem östlichen Bereich unmittelbar an der Handelstraße, die zur Elbbrücke führte und die gleichzeitig die Nord-Süd-Achse der Stadt bildete. Sie blieb dem heutigen Stadtbild als Schloßstraße erhalten.

Kurz vor 1400 kam es unter Markgraf WILHELM I. (1343–1407) zu

Die Geschichte des Dresdner Schlosses

einem umfassenden Ausbau der Burganlage, von dem Spuren bis heute sichtbar blieben. In der Nordwestecke entstand ein mächtiger Turm, der den unteren Bereich des heutigen Hausmannsturms bildet. Daran nach Osten anschließend wurde ein zweigeschossiger Palastbau von ca. 50 m Länge und 14 m Breite errichtet. Er wurde später als das „Alte Haus" bezeichnet und bildet den heutigen Nordostflügel des Schloßes. Im Keller und im Erdgeschoß dieses Schloßbereiches haben sich bauliche Überreste aus der Zeit um 1400 erhalten.

Zwischen 1469 und 1480 erfolgte unter den gemeinsam Sachsen regierenden Kurfürsten ERNST (1441 – 1486) und Herzog ALBRECHT (1443 – 1500) der Ausbau der Befestigung zu einer herrschaftlichen Burganlage, die auch repräsentative Aufgaben zu erfüllen vermochte. An den Planungs- und Bauarbeiten könnte der für den wettinischen Hof tätige Baumeister ARNOLD VON WESTFALEN, der Schöpfer der prächtigen Albrechtsburg in Meißen, beteiligt gewesen sein. Es entstand eine geschlossene vierflügelige Anlage. Den bereits bestehenden Nordflügel, der als Wohnflügel diente, ließen die Auftraggeber gründlich überarbeiten und unterkellern. Diesem Baukörper entsprechend wurde der zum Teil heute noch bestehende Ostflügel als dreigeschossiger Bau errichtet. In seinem Erdgeschoß konnten nach 1985 kreuzgewölbte Räume freigelegt werden, die im wesentlichen aus dieser Zeit zu stammen scheinen. Vor dessen Hoffront errichtete man auf den Fundamenten der „Kemenate" des 13. Jahrhunderts einen Treppenturm. Der östliche Schloßflügel enthielt im Erdgeschoß neben prächtig geschmückten Sälen zahlreiche Vorratsräume und die Schneiderei. In der ersten Etage befand sich die „neue Hofstube". Die gesamte zweite Etage nahm der „Dantzsall" ein – ein 40 m langer und 13 m breiter Raum. Der Hausmannsturm blieb als dominierender Eckturm erhalten, an den sich im Westen ein Kanzleiflügel anschloß, in dem neben der Hofküche auch die dem heiligen Georg geweihte Burgkapelle untergebracht war. Aus einem schmalen Südflügel sprang das mit einer spitzen, kunstvoll gestalteten Haube bekrönte Torhaus turmartig hervor. Dieses gegen 1474 vollendete Haupttor wurde zur Stadt hin durch eine Zugbrücke über einen befestigten Graben getrennt, der den Fürstensitz nach Westen und Süden sicherte. Ein um 1530 entstandenes Holzmodell, das seit 1945 verschollen ist, überliefert die damalige turmreiche Anlage. Nach der „Leipziger Teilung", die den mächtigen sächsischen Territorialstaat der Wettiner in einen ernestinischen und einen albertinischen Bereich spaltete, wählte Herzog

Auf dem Weg zur Residenz

Portalumrahmung aus Sandstein aus dem späten 15. Jahrhundert im ersten Geschoß des Nordflügels

ALBRECHT die Dresdner Burg als seine ständige Residenz. Damit beginnt die bis 1918 andauernde Geschichte des Dresdner Fürsten-residenz.

Der Georgenbau und die Frührenaissance

Das Burgmodell, das vor allem den spätgotischen Zustand der Anlage überliefert, zeigt auch den an der südlichen Ecke des Ostflügels fast vollrund in die heutige Schloßstraße herausragenden Schössereiturm. Dieser Turm war höchstwahrscheinlich nicht beim Burgneubau von 1469 bis 1480 entstanden, sondern erst kurz vor 1530 errichtet worden. Stilistisch gehört er eher in die Spätgotik, ebenso wie der nach einem Brand im Jahre 1530 notwendige Umbau des Hausmannsturms. GEORG DER BÄRTIGE (1471–1539), der diese Bauarbeiten angeordnet hatte, unternahm es dann aber auch, die Residenz seines Vaters ALBRECHT durch einen außerge-wöhnlichen Neubau in den Formen der Frührenaissance zu erneu-ern. Eine persönliche Kenntnis moderner Architekturströmungen konnte der Herzog in den Niederlanden als kaiserlicher Statthalter von Friesland erwerben. In dieser Funktion war er seinem Vater gefolgt, bis er 1515 seine Rechte an die Habsburger verkaufte.

Das an den als Palas genutzten Nordflügel angrenzende Elbtor wurde dazu zwischen 1530 und 1535 fast vollständig umgebaut. Es entstand ein fast 30 m hoher, schloßartiger Bau, den wohl ein Dachreiter bekrönte. Bedingt durch die Lage der Burg zur Brücke mußte das Gebäude über einem schiefwinkligen Grundriß errichtet werden. Der dreigeschossige Baukörper mit seinem ebenfalls drei-geschossigen steilen Giebel und den an das hoch aufragende Dach

Die Geschichte des Dresdner Schlosses

*Der westliche Teil der Stadt
Dresden mit dem Georgenbau
und dem herzoglichen Schloß.
Detailansicht der Residenz
Herzog Georgs in seiner
Stadtlage aus einem 1521
entstandenen Holzmodell, das
nach 1535 ergänzt wurde.
Seit 1945 verschollen*

seitlich angesetzten Zwerchhäusern bildete im Verhältnis zum spätgotischen Schloßgeviert einen dominierenden Baukörper. Das Erdgeschoß des steil aufragenden Torgebäudes diente als Durchfahrt
von der Schloßgasse auf die Brücke. Durch ein weiteres Tor an der
südlichen Stadtseite konnte man zudem in den Bereich zwischen der
Burg und dem befestigten Elbufer gelangen. In den beiden Obergeschossen lagen zur Stadt hin zwei quergelagerte Räume, die eine
Verbindung zum angrenzenden Nordflügel der Burg besaßen. An
der nördlichen Elbseite befanden sich jeweils zwei weitere tiefe
Räume. Diese Zimmer dienten der Hofhaltung der Söhne des
Herzogs, FRIEDRICH und JOHANN.
Die architektonische Gliederung des Georgenbaues wie auch dessen
ornamentaler Schmuck waren damals hochmodern und von italienischen Vorbildern angeregt. In der horizontalen und axialen
Gliederung der gleichmäßig gereihten Fenster der Obergeschosse
der 9 m breiten Stadtseite herrscht eine für die Architektur in
Deutschland ungewöhnlich fortschrittliche Symmetrie. Die zur
Elbbrücke gerichtete 12,30 m breite Nordseite wird durch skulptu-
rale Bänder horizontal betont. Hervorgehoben durch den zweigeschossigen, schmuckreichen Erker wird zudem das nach links
gerückte triumphpfortenartig ausgebildete Portal, das den Hauptzugang zur herzoglichen Residenzstadt bildete.
Von herausragender politischer Bedeutung für die damalige Zeit
war der reiche Skulpturenschmuck des Georgenbaues, dem eine
hochaktuelle Ikonographie zu Grunde lag. Die Elbfront des Tores
war dem Tod und der Ursünde gewidmet. Darstellungen von Adam

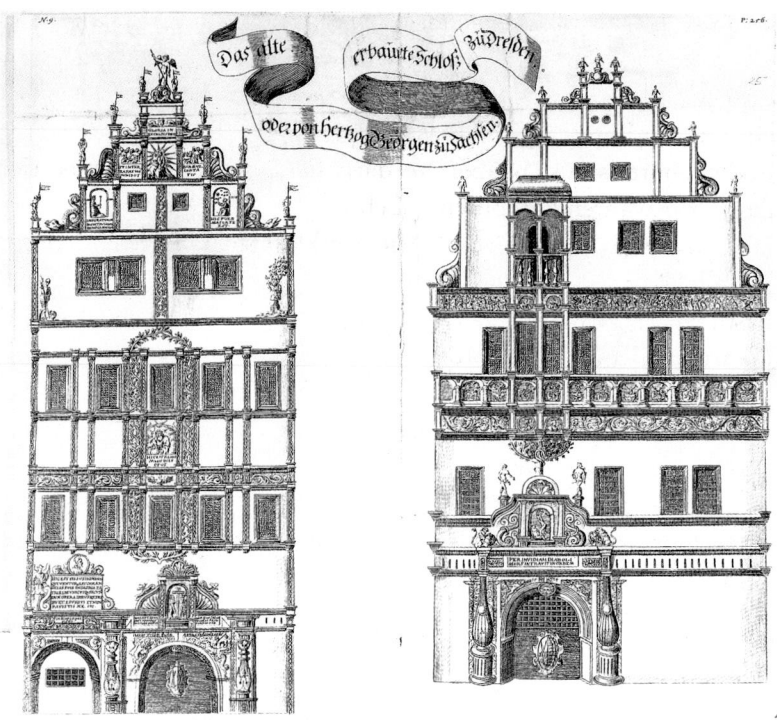

Südliche Stadt- und nördliche Elbfassade des Georgenbaus. Kupferstich aus A. Weck, Chronik Dresdens, Nürnberg 1680

und Eva beim Sündenfall und nach der Vertreibung aus dem Paradies, des Brudermordes Kains an Abel und der Fries mit dem Totentanz im Bereich der Traufkante, der alle Stände umfaßte, vereinen sich zum beherrschenden Thema der Erbsünde und des Todes. In aller Demut werden die Bildnisse des Herzogs GEORG, seiner Gemahlin BARBARA und seiner Söhne am zweiachsigen Erker in den Totentanz einbezogen. Zugleich kommt die Elbfront hoheitlichen Ansprüchen durch einen Wappenfries nach. War die nördliche „Mitternachtsseite" des Georgenbaues dem auch in der lutherischen Lehre bedeutsamen Aspekt der Erbsünde gewidmet, so folgte der Erlösungsgedanke der südlichen Torfassade einem eher katholischen Muster. Die Mitte des vom Erzengel Michael bekrönten Giebels beherrschte die Mutter Gottes im Strahlenkranz, die von Engeln umgeben wurde. An den Ecken des auf dieser Seite als Vollgeschoß gebildeten unteren Dachgeschosses finden sich die Reliefs des Kaisers Augustus und einer Sibylle als Prophetin der Geburt Christi. Christus, der Sohn Gottes wurde durch den Baum des neuen Lebens, der die Mittelachse der Südfassade des Georgenbaues scheinbar umwucherte, symbolisiert. Im Zentrum der Fassade zwischen dem ersten und zweiten Obergeschoß befand sich ein Relief mit der Darstellung Gottvaters, darunter die Taube des

20

heiligen Geistes. Die beiden Portale waren mit Figuren und Symbolen geschmückt, die sich in vielfältiger Weise auf das Erlösungswerk durch den Opfertod Christi beziehen. Herzog GEORG und sein Sohn JOHANNES, die in den Zwickeln des Brückenportals als Bauherren dargestellt sind, bekannten sich damit zur wahren katholischen Lehre.

Die Ikonographie des Georgenbaues erklärt sich aus den religiösen Umwälzungen seiner Entstehungszeit. Herzog GEORG, der 1519 der Disputation zwischen LUTHER und ECK in der Pleißenburg in Leipzig beiwohnte, strebte zwar eine Reform der katholischen Kirche durch Rückbesinnung auf ihre geistliche Tradition an, wurde aber zu einem vehementen Gegner der lutherischen Lehre. LUTHER selbst besuchte 1516 das Augustinerkloster im rechtselbischen Altendresden und hielt am 25. Juli 1517 in der Burgkapelle eine „Mönchspredigt". Seit 1522, nachdem LUTHER seine Lehre auf dem Reichstag zu Worms (1521) verteidigt hatte, verfolgte Herzog GEORG die beginnende Reformation in seinem Herrschaftsbereich mit zunehmender Schärfe. 1530, im vermuteten Jahr des Baubeginns, wurde das neue evangelische Glaubensbekenntnis auf dem Reichstag in Augsburg (Augsburgische Konfession) vorgetragen. Gleichzeitig verbanden sich die evangelischen Reichsstände unter Führung Kursachsens und Hessens im Schmalkaldischen Bund zu einer Schutzgemeinschaft. Der Georgenbau antwortet auf dieses Geschehen ebenso wie auf den 1533 einsetzenden Bau des Schlosses Hartenfels bei Torgau durch Kurfürst JOHANN FRIEDRICH, in dem der Vetter Herzog GEORGS durch architektonische Pracht seiner Würde als Kurfürst und evangelischer Landesbischof Ausdruck gab.

Die Söhne Herzogs GEORGS, für die der Georgenbau als Wohnsitz errichtet wurde, starben vor ihrem Vater. Der unerwünschte Nachfolger wurde 1539 sein lutherisch gesinnter Bruder HEINRICH DER FROMME (1473–1541), der unmittelbar nach dem Regierungsantritt mit der Reformation in den albertinischen Erblanden begann. Nach zwei Jahren folgte ihm sein zwanzigjähriger Sohn, mit dem Sachsen einen Herrscher von europäischem Format erhielt. Durch MORITZ (1521–1553) verlor der Georgenbau seine Funktion als symbolhafter Stadtzugang. Nach 1550 ließ der Kurfürst dessen Durchgang für die Öffentlichkeit sperren und errichtete das westlich an die Fassade des Tores grenzende Destillierhaus. Der Verkehr über die Brücke wurde durch das östlich dem Georgenbau vorgelagerte neue Elbtor und von dort über einen breiten

Die Erweiterung zum Schloß unter Kurfürst Moritz

Stadtseite oder Südfassade des kurfürstlichen Renaissance-schlosses. Das Mitte des 16. Jahrhunderts entstandene, im 17. Jahrhundert veränderte Holzmodell gibt das Torhaus mit der Renaissancehaube nach 1608 und den Hausmannsturm nach seiner Erhöhung von 1674-1676 wieder.

Straßenzug, den der Kurfürst auf dem Verlauf des mittelalterlichen Stadtgrabens errichten ließ (heutige Augustusstraße), in die Stadt geleitet. Eine Mauer trennte den flußseitigen Residenzbereich vom Platz vor dem Elbtor ab. Der buchstäblich aus dem Verkehr gezogene Georgenbau blieb mitsamt seinem altkirchlichen Bildschmuck bis zum Schloßbrand des Jahres 1701 bestehen und erfuhr dann mehrere Umgestaltungen. Während sich erhebliche Teile seines von Christoph Walther I geschaffenen Bauschmucks der Frührenaissance erhalten haben, ging die Architektur im Zuge des Neubaus dieses Schloßbereiches zwischen 1899 und 1901 verloren.

Als die Schloßstrasse durch die Schließung des Georgenbaues zu einer unmittelbar zum Residenzbezirk gehörenden Sackgasse wurde, war der tiefgreifende Umbau des Fürstensitzes bereits im vollen Gange. Dreizehn Jahre nach Vollendung des Georgenbaues ließ Herzog Moritz die burgartige Residenz der sächsischen Herzöge auf die doppelte Größe zu einem der modernsten nordeuropäischen Schlösser seiner Zeit erweitern. Auch diese Baumaßnahme war ein politisches Symbol. Am 24. April 1547 hatte Moritz an der Seite Kaiser Karl V. das Heer des Schmalkaldischen Bundes in der Schlacht von Mühlberg bei Torgau besiegt. Sein ernestinischer Vetter Johann Friedrich der Grossmütige, der in Gefangenschaft geraten war, mußte in der „Wittenberger Kapitulation" auf große Teile seiner Erblande verzichten, die Kurwürde ablegen und in Umwandlung eines Todesurteils in „ewiger" Gefangenschaft des

22

*Die zur Elbe gelegene Nord-
fassade des kurfürstlichen
Schlosses. Das Holzmodell
wurde um 1960 zerstört.*

Kaisers bleiben. Unmittelbar nachdem MORITZ im Feldlager vor
Wittenberg am 4. Juni 1547 zum neuen Kurfürsten von Sachsen
ausgerufen worden war, ordnete er enorme Umbauarbeiten an der
Dresdner Burg an, in deren Folge zunächst der Westflügel mit der
Kapelle abgebrochen wurde. Der Umbau setzte im September 1548
im Inneren des Nordflügels, dem „Alten Haus", und im Ostflügel
ein. Dem Ostflügel wurde nach Süden die Schösserei vorgeblendet,
ein kurzer, Verwaltungszwecken dienender Kopfbau. Gleichzeitig
wurde der Schössereiturm an der Südostecke des Schlosses als
stadtseitig wirkender Turm aufgestockt. Er erhielt eine geschweifte
Haube und als Abschluß eine markante, zwiebelförmig ausgebildete Turmstube. Ein neuer Wendelstein in der Nordostecke, der den-
jenigen vor der Hoffassade des Ostflügels ersetzte, trägt die
Jahreszahl 1549.
Im gleichen Jahr erfolgte eine einschneidende Umplanung, die das
Dresdner Schloß zu einem Gründungsbau der deutschen Renaissance werden ließ. In einem Brief an den im Februar 1549 in Italien
weilenden Kurfürsten MORITZ unterbreiteten dessen Ratgeber und
sein Baumeister CASPAR VOIGT VON WIERANDT den Vorschlag, das
im Bau befindliche Schloß nicht nur über den zugeschütteten
Burggraben hin zu erweitern, sondern vielmehr es bis hinein in den
vor der Befestigung angelegten Schloßgarten zu verlängern. Diese
Umgestaltung der herrschaftlichen Burg zum kurfürstlichen Schloß
wurde durch die Errichtung einer modernen, von Bastionen und

Wällen geschützten Festungsanlage ermöglicht. Sie war 1546 im Nordwesten des Fürstensitzes begonnen worden und sollte die ganze Stadt Dresden umschließen. An die zunächst unmittelbar vor der Westfassade des Moritzbaus aufragenden neuen Wallanlagen Dresdens erinnert noch der nordwestlich an die Außenfront angebrachte Eckturm, der als einziger Bereich der Residenz einen Verteidigungscharakter aufwies.

Durch den vom Kurfürsten gebilligten Erweiterungsplan wurde die sächsische Residenz zur ersten regelmäßigen vierflügeligen Schloßanlage Deutschlands. Der Bau war bis 1556 fertiggestellt. Der Hausmannsturm rückte nun optisch ins Zentrum der Nordfront und wurde zum Hoheitszeichen der Residenz. Westlich des 1549/50 erhöhten, mit einer welschen Haube und einer Laterne bekrönten Turmes entstand symmetrisch ein Nordwestflügel, das „Neue Haus". Daran schloß sich ein mächtiger, prachtvoll ausgestatteter Westflügel an, das „Große Haus", dessen Breite alle anderen Flügel übertraf. Als Ersatz und Verlängerung für den alten Südflügel wurde das „Lange schmale Haus" erbaut. Die Ecken des nunmehr weitgehend rechtwinkligen Großen Schloßhofes nahmen Wendelsteine ein, wobei die Südostecke wegen der Beibehaltung des nur wenig veränderten Schloßeinganges des 15. Jahrhunderts ausgespart blieb. Die Schaufassade des Schloßhofes bildete der Nordflügel. Die an den Nordflügel grenzenden, aufwendig gestalteten Wendelsteine stehen architektonisch ebenso unter dem Einfluß der Treppentürme der sächsischen Schlösser in Meißen, Wittenberg und Torgau, wie auch unter dem der zeitgenössischen französischen Schlösser in Chambord und St. Germain-en-Laye. Vor den Hausmannsturm wurde eine viergeschossige, tribünenartige Hofloggia geblendet, der „Altan", die der Hausmannsturm gleichsam bekrönte. In der klassischen Übereinanderstellung von Säulen toskanischer, ionischer und kompositer Ordnung wirkte italienisches Gedankengut ein. Durch diese prächtige Schaufront wurde der große Schloßhof zum Zentrum der herrschaftlichen Repräsentation und zum geeigneten Austragungsort fürstlicher Feste und Turniere.

Ebenso wie die Architektur der Hofloggia war auch der in Kratzputztechnik hell auf dunklem Grund gestaltete Fassadenschmuck, der seit 1548 nach Entwürfen der Brüder GABRIELE und BENEDICT TOLA aus Brescia angebracht wurde, oberitalienischen Ursprungs. Der Hof wie auch das Äußere des Schlosses waren vollständig mit figürlichen Szenen, illusionistischer Architekturgliederung und flächigen Dekormotiven ausgeschmückt. Bei dieser

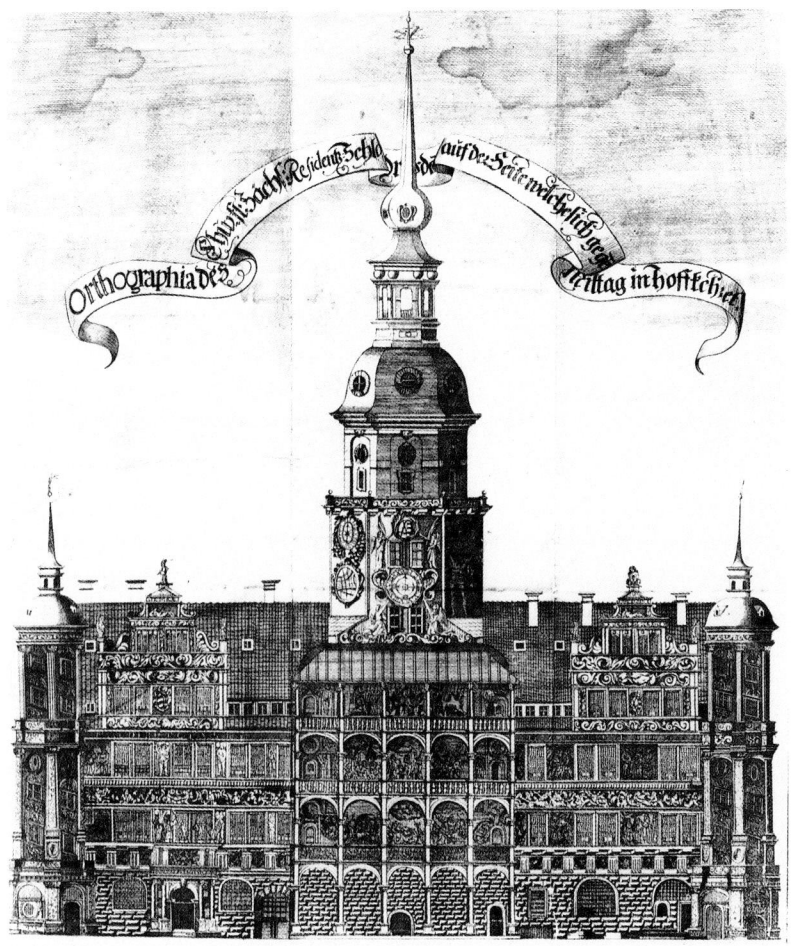

Die als Hauptfront ausgebildete Nordfassade des Großen Schloßhofes. Kupferstich aus A. Weck, Chronik Dresdens, Nürnberg 1680

Sgraffitomalerei handelte es sich nicht allein um bildreiche Szenen aus der Bibel sowie der römischen Geschichte und Mythologie, die durchaus tagespolitisch gedeutet werden konnten, sondern auch um eine illusionistische Gliederung der Architektur, die die reale Architektur und den durch sächsische Künstler gefertigten Bauschmuck vollendeten. Die Rückwände der Hofloggia wurden dabei durch vielfarbige Malereien des FRANCESCO RICCHINO aus Brescia besonders hervorgehoben. Bereits 1552 soll die umfassende Bemalung aller Schloßfronten beendet gewesen sein.

Als Kurfürst MORITZ im Juli 1553 in einem Reitergefecht der Schlacht bei Sievershausen fiel, war das neue Schloß, der Moritzbau, weitgehend im Rohbau fertiggestellt, der Ostteil sogar bereits im Inneren. Im Ostflügel war der alte „Dantzsall" durch den größeren Riesensaal ersetzt worden, einen 56,7 m langen und 13 m breiten Festsaal, der sich über die gesamte zweite Etage des

Baukörpers erstreckte. Sein Name geht auf riesenhafte Krieger-gestalten zurück, von denen jeweils sechs an jeder Längswand die flache Decke zu tragen schienen. Zudem wurde durch ein alttesta-mentarisches Thema, Hochmut und Fall des Königs Nebukadnezar von Babylon, auf ein aktuelles politisches Thema, den militärischen Sieg und die Demütigung Kaiser KARLS V. im Jahre 1552 durch eine protestantische Fürstenkoalition unter Führung Kurfürst MORITZ' verwiesen.

MORITZ hinterließ ein Schloß von europäischem Maßstab. Von der zeitgenössischen französischen Architektur bestimmt waren sein vierflügeliger, regelmäßiger Grundriß, die Gliederung der Innen-fassade des Nordflügels und die zweiraumtiefe Disposition des repräsentativen Westflügels. Neben oberitalienischen Einflüssen in der dekorativen Ausstattung übte aber auch die deutsche Tradition mit der Lage der Festräume in der zweiten Etage und die vertikale

Das kurfürstliche Schloß aus der Vogelperspektive. Der Platz vor dem Torhaus wird noch im unbebauten Zustand dargestellt. Nach Westen angrenzend der „neue churfürstliche Garten". Kupferstich aus A. Weck, Chronik Dresdens, Nürnberg 1680

Die Geschichte des Dresdner Schlosses

Akzentuierung der Dächer durch rhythmisch angeordnete Zwerchhäuser einen prägenden Einfluß auf dieses für seine Zeit modernste
Schloß des Heiligen Römischen Reiches Deutscher Nation aus.

AUGUST (1526–1586), der 1553 unvermittelt an die Herrschaft gelangte jüngere Bruder Kurfürst MORITZ', vollendete politisch die
Machterweiterung der albertinischen Wettiner und führte den
Schloßbau zu einem glanzvollen Abschluß. Die Innengestaltung des
Renaissanceschlosses fällt weitgehend in seine Regierungszeit. Eine
besondere Bedeutung kam dabei der Schloßkapelle zu. Sie ersetzte
nicht allein die abgebrochene spätmittelalterliche St. Georgskapelle,
sondern wurde als Hauskapelle des lutherischen Kurfürst, der
zugleich als „summus episcopus" höchster Bischof seines Landes
war, zur ersten Kirche Sachsens. Die Bedeutung der Dresdner
Schloßkapelle reicht jedoch weit über das Kurfürstentum hinaus, da

Die Vollendung des Renaissanceschlosses durch Kurfürst August

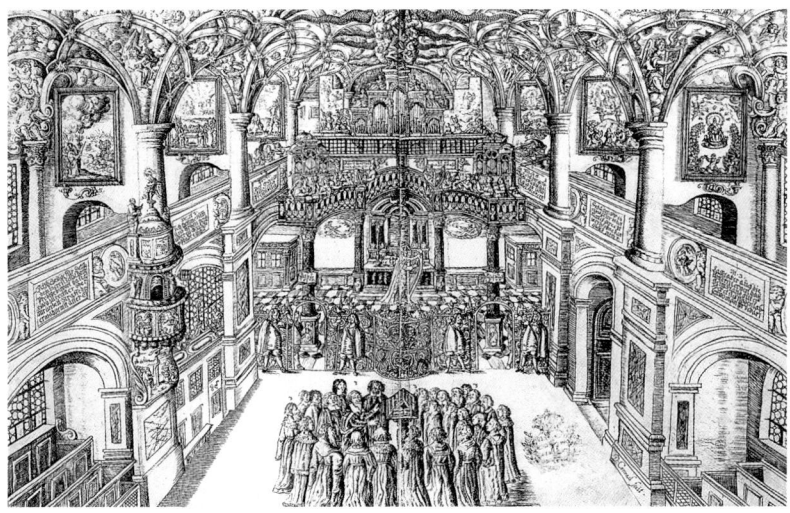

Blick nach Osten in die Schloßkapelle, im Zustand von 1662.
Im Vordergrund der Komponist Heinrich Schütz im Kreis der kurfürstlichen Kantorei. Kupferstich von D. Conrad, Frontispiz des Geistreichen Gesangbuches, Dresden 1676

sich AUGUST als Schutzherr der Reformation verstand und zudem
durch den maßgeblichen Anteil, der ihm am Zustandekommen des
Augsburger Religionsfriedens von 1555 zukam, auch in diesem
Sinne im Heiligen Römischen Reich akzeptiert wurde. Die Bauzeit
der Schloßkapelle fällt in diese Epoche, in der die evangelische Kon-
fession einen gleichberechtigten Rang neben der „altkirchlichen"
Katholischen einnahm. Der Baukörper der Schloßkapelle im
„Neuen Haus", dem Nordwestflügel, entstammt der erweiterten
Schloßplanung von 1549. Nach dem Vorbild der 1544 von MARTIN
LUTHER geweihten Kapelle des Torgauer Schlosses handelte es sich
um einen Saalraum mit eingezogenen Wandpfeilern und Empore.

Er nahm das Erdgeschoß und die erste Etage ein. Die Bildhauerarbeiten an der Innenausstattung der Kapelle begannen 1552. Im
Jahre 1555 wurde der Kirchenraum eingeweiht. Der nur 19 m lange
und 13 m breite Kapellenraum wies in der Verkleidung der
Wandpfeiler und im Emporenbereich kraftvolle Renaissanceformen
auf, folgte aber durch ein kompliziertes Rippennetz, das ihn über-
wölbte, zugleich der spätgotischen Tradition Sachsens.

Der Kapellenraum wurde 1737 zerstört. Einige Ausstattungsstücke
der evangelischen Schloßkapelle, beispielsweise der von HANS
WALTHER II 1555 geschaffene Taufstein und der 1554 in den Niederlanden gearbeitete Altar, blieben in Fragmenten erhalten. Mit
dem weitgehend noch bestehenden Schloßkapellenportal, dem
„schönen Tor", hat sich eines der künstlerisch bedeutendsten Zeugnisse der Renaissance in Deutschland bewahrt. Es ließ als einziges
architektonisches Element die Lage der Kapelle im Großen
Schloßhof erkennen. Das Rundbogenportal entstand 1555 bis 1556
unter Leitung des Bildhauers GIOVANNI (JUAN) MARIA VON PADUA.
Es ist durch italienisches Formempfinden geprägt, dem auch die
feine Ornamentik zugrunde liegt, die das mit flankierenden Doppelsäulen und hoher Attika versehene Triumphtor überzieht. Der reiche figurale Schmuck, der wohl von HANS WALTHER II stammt,
folgt der lutherischen Lehre. Die ebenfalls erhaltene Holztüre der
Schloßkirche war 1556 vollendet. Die Dresdner Schloßkapelle
wurde zum architektonischen Vorbild protestantischer Schloß-
kapellen der Renaissance.

Kurfürst AUGUST konnte ein modernes, seinem hohen Stand ange-
messenes Schloß beziehen, in dem die Fest- und Repräsentationsräume fast ausschließlich in der zweiten Etage angeordnet
waren. Die erste Etage war dem täglichen Leben des Kurfür-
stenhauses vorbehalten. Der Erdgeschoßbereich aller vier Flügel
nahm vor allem wirtschaftliche Funktionen auf und diente unter
anderem zur Lagerung und Verwahrung von Gütern, als Küche
oder zur Unterbringung des Personals. So befanden sich beispielsweise im Erdgeschoß des Ostflügels die Silberkammer, die Hof-
schneiderei und Lagerräume. In der ersten Etage lag unter anderem
die große Hofstube, „Türnitz" genannt, die bei großen Festlichkeiten im darüber liegenden Riesensaal der Verpflegung des
Gesindes und des Dienstpersonals zur Verfügung stand. Im
anschließenden Nordostflügel („Altes Haus") wurde die „alte
Hofstube" in der ersten Etage im Alltag von der Dienerschaft und
dem Gesinde als Speisesaal genutzt. Darüber lag das Riesengemach.
Besonders kostbar mit farbig hervorgehobenen Stuckaturen italie-

Die Geschichte des Dresdner Schlosses

nischer Meister geschmückt war das im zweiten Geschoß des Hausmannsturmes gelegene Turmstübchen. Es verband das Riesengemach mit dem Steinernen Saal, einem reich ausgeschmückten Festsaal mit Pilastern und Fußboden aus vierfarbigem Steinmaterial, der im neuen Nordwestflügel oberhalb der Schloßkapelle lag.

Der in allen seinen Geschossen konsequent in zwei Fluchten klar und überschaubar untergliederte Westflügel war der architektonisch modernste Trakt des Schlosses. Er diente als eigentlicher Wohnbereich des Kurfürstenpaares. Das Paradegeschoß der zweiten Etage bestand aus einem nordwestlichen großen Kopfsaal, dem Tafelgemach, von dem in doppelter Reihung die „Brandenburgischen Gemächer" ihren Anfang nahmen. Sie waren zur Unterbringung fürstlicher Gäste gedacht. In der ersten Etage befand sich wohl hofseitig das prächtig mit holzgetäfelten Wänden und einer wahrscheinlich geschnitzten Kassettendecke ausgestattete Ratsgemach. Diesem Zentrum der Macht, in dem der Kurfürst seine wichtigsten Regierungsgeschäfte und politischen Handlungen vollzog, wurden mehrere Vorzimmer zugeordnet. Unmittelbar an das Ratsgemach grenzten die Wohnräume des Kurfürsten. Im daran anschließenden Südflügel befand sich die Suite der Kurfürstin ANNA. Der nordwestliche Saal in der ersten Etage des Repräsentations- und Wohnflügels wurde „Kirchsaal" genannt. Von hier gelangte der Hofstaat in das 1568 eingebaute „Kirch-Stüblein" der Schloßkapelle. Im Erdgeschoß des Westflügels befand sich neben Küche und Verwaltungsräumen eine abgeschlossene Folge zum Teil sehr prunkvoll eingerichteter Räume, zu denen ein mit einer kostbaren, von italienischen Künstlern geschaffenen Stuckdecke überfangener Saal gehörte. Diese mit grünbemalten Baugliedern geschmückten Räume waren wohl ursprünglich für repräsentative Zwecke gedacht, wurden aber sehr bald nach ihrer Vollendung 1556 zum Staatstresor umgewidmet. Für das Jahr 1572 soll für diese „Geheime Verwahrung" des Kurfürsten die umgangssprachliche Bezeichnung „Grünes Gewölbe" überliefert sein.

Als Bauherr betätigte sich Kurfürst AUGUST vor allem außerhalb des Residenzbereichs. Zwischen 1559 und 1563 ließ er das große Hauptzeughaus in Dresden erbauen (heute Albertinum), zwischen 1568 und 1573 die regelmäßige Vierflügelanlage der Augustusburg und zwischen 1572 und 1575 die Annaburg bei Torgau. In seiner Dresdner Residenz richtete sich AUGUST vor allem häuslich ein. Gegen 1556 begründet er hier die kurfürstliche Bibliothek und 1560 die kursächsische Kunstkammer, die bis zum Beginn des 18. Jahrhunderts im Dachgeschoß des Westflügels Aufstellung fand.

Im Giebel darüber wurde zudem die kurfürstliche Drechselkammer eingefügt. Das tägliche Leben und die wachsenden Repräsentationsbedürfnisse führten immer wieder zu internen Veränderungen. So malten die Brüder TOLA beispielsweise 1563 die Decke des Steinernen Saales aus. Im gleichen Jahr erhielt die Schloßkapelle eine neue Orgel. 1584 mußten in verschiedenen Räumen von NOSSENI bereits neue Fußböden aus edlen Gesteinen verlegt werden, weil die ursprünglichen verschlissen waren.

Von besonderer Bedeutung für die weitere Entwicklung des Schloßbezirks sollte die zwischen 1569 und 1574 vorgenommene Modernisierung und Vergrößerung der unmittelbar vor dem Schloß gelegenen Bastionen und Festungsteile werden. Sie wurden durch ROCHUS VON LYNAR um etwa 100 m nach Nordwesten verlegt und dem kurfürstlichen Areal dadurch ein weiträumiger Bereich zugeordnet. Dieser zwischen den Bastionen Sol und Luna und dem Moritzbau des Schlosses gelegene Freiraum erhielt die aus dem Fortifikationswesen kommende Bezeichnung Zwinger. Als erstes wurde 1573 in diesem Bereich vor dem südlichen Westflügel wieder ein Schloßgarten angelegt.

Seinen Leistungen als Verwaltungsorganisator entsprechend, wurde Kurfürst AUGUST zwischen 1565 und 1567 in unmittelbarer Nähe zum Schloß tätig. In diesen Jahren ließ er auf dem Gelände älterer Baulichkeiten südöstlich an den Georgenbau grenzend nach Plänen seines Baumeisters HANS IRMISCH das Kanzleigebäude errichten. Das zweigeschossige Bauwerk, das im Norden durch einen Teil der mittelalterlichen Stadtmauer abgeschlossen wurde, hatte einen U-förmigen Grundriß und wurde repräsentativ mit Sgraffitomalerei

Die Geschichte des Dresdner Schlosses

geschmückte. Es nahm in 19 Stuben alle Verwaltungseinrichtungen des Kurfürstentums Sachsen auf, die in der Residenzstadt ihren Sitz hatten und war damit eines der ersten allein für Verwaltungszwecke errichteten Gebäude in Deutschland. 1581 ließ der Kurfürst am Taschenberg die Hofapotheke und das als Versuchslaboratorium des Hof-Alchimisten dienende Probierhaus erbauen. Diese Gebäude entstanden in einem Bereich des Schloßareals, südlich des Schloßgartens, in dem sich auch die Korn-, Futter- und Mehlböden sowie das Hofbrau-, Malz- und Backhaus befanden.

Während der nur fünf Jahre währenden Regierungszeit CHRISTIANS I. (1560–1591) erfuhr das Areal des Dresdner Schlosses eine erhebliche Vergrößerung, die zugleich die Residenz der Wettiner erneut auf europäisches Niveau hob. Mit dem 26jährigen Kurfürsten gelangte ein machtbewußter, selbständig handelnder Herrscher an die Regierung, der gewillt und fähig war, fürstliche Prachtentfaltung für seine weitreichenden politischen Ziele einzusetzen. In seinen innen- und außenpolitischen Entscheidungen orientierte sich CHRISTIAN I. eher an der selbstbewußten Politik seines Onkels MORITZ, als an dem vorsichtigen, auf Ausgleich mit dem Kaiser

Die Ausweitung des Schloßbezirks unter Kurfürst Christian I.

Der Stallhof mit dem Stallgebäude und dem Langen Gang zur heutigen Augustusstraße. Oben rechts das Kanzleihaus. Kupferstich aus A. Weck, Chronik Dresdens, Nürnberg 1680

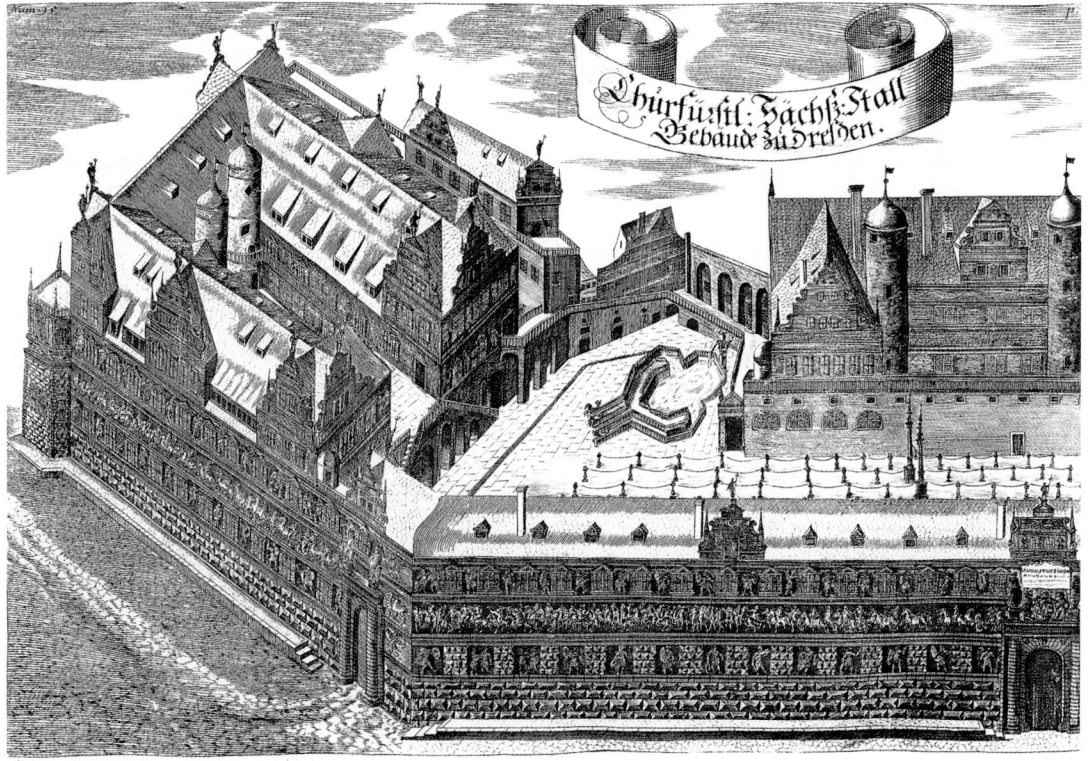

Fassade des Stallgebäudes
Christians I. zum Jüdenhof.
Kupferstich aus G.Tzschimmer,
„Die Durchlauchtigste
Zusammenkunft ...",
Nürnberg 1680

bedachten Taktieren seines Vaters AUGUST. Die Baumaßnahmen CHRISTIAN I. wurden unmittelbar von seiner frühabsolutistischen Politik, die den Einfluß des sächsischen Adels und des streng lutherischen Klerus zurückdrängen wollte, beeinflußt.

Unmittelbar nach dem Regierungsantritt im Februar 1586 begann man östlich des Residenzschlosses mit dem Bau eines großen, schloßartigen Stallgebäudes. Um den Baugrund zu schaffen, mußten 25 kleine Häuser von Hofhandwerkern abgerissen werden. Am 5. Juni 1586 erfolgte die Grundsteinlegung. Nach den Plänen PAUL BUCHNERS (oder Puchners) entstand bis 1588 unter Leitung von HANS IRMISCH für 130 000 Gulden und mit großem personellem Aufwand ein ausgesprochen repräsentativer Zweckbau. In dessen Untergeschoß befand sich eine luxuriöse Stallung für 123 Pferd. Das Obergeschoß, zu dem eine für Reiter geeignete Rampe empor führte, nahm neben der damals schon berühmten kurfürstlichen Rüstkammer, eine Flucht mit Marmorfußböden ausgelegter Prunkzimmer sowie standesgemäße Unterkünfte für hochgestellte Gäste auf. Den U-förmig angelegten, zweigeschossigen Dreiflügelbau schloß an seiner Hoffassade ein vorgeblendeter eingeschossiger Altan ab. In den Gebäudewinkeln des Innenhofes befanden sich zwei Türme mit Wendeltreppen. Der in sich geschlossenen, giebelbekrönten Stadtseite waren an den Seiten zwei turmartige Altane vorgelegt, die auch zu Verteidigungszwecken dienen konnten. Der Baukomplex war von allen Seiten mit einer Kalkbemalung in der Art von Sgraffiti überzogen. Der Renaissancebau hat im 18. Jahrhundert mehrere Umbauten erfahren, die seine äußere Gestalt erheblich veränderten. Erhalten haben sich die beiden stadtseitigen, mit Rustika eingerahmten Portale und zwei Hallen im Erdgeschoß, die jeweils von zwei Säulenreihen in toskanischer Ordnung getragen werden.

Folgte der mit steilen Dächern und aufgesetzten Zwerchhäusern geschmückte „kurfürstliche Reissige Stall" mit seinen kraftvollen Renaissanceformen eher einheimischen Traditionen, so war der gut 100 m Lange Gang, der das Stallgebäude mit dem Residenzschloß verband, eindeutig italienischem Bauempfinden verpflichtet. Der Hofarchitekt BUCHNER legte zwar im Dezember 1588 seinem Kurfürsten die Pläne für das ursprünglich von 22 Säulen toskanischer Ordnung getragene Galeriegebäude vor, als eigentlicher Entwerfer gilt aber wohl zur Recht GIOVANNI MARIA NOSSENI. Dieser stand bereits seit 1575 als Architekt, Maler und Entwerfer im Dienste Kurfürst AUGUSTS. NOSSENI, der auch die unter

Der Lange Gang mit seiner Fassade zum Stallhof.
Kupferstich aus A. Weck, Chronik Dresdens, Nürnberg 1680
unten: Umgebungsplan des Stallhofes mit dem Stallgebäude, dem Georgenbau und dem Kanzleihaus.
Zeichnung von P. Buchner, 1586,
Landesamt für Denkmalpflege Sachsen, Dresden

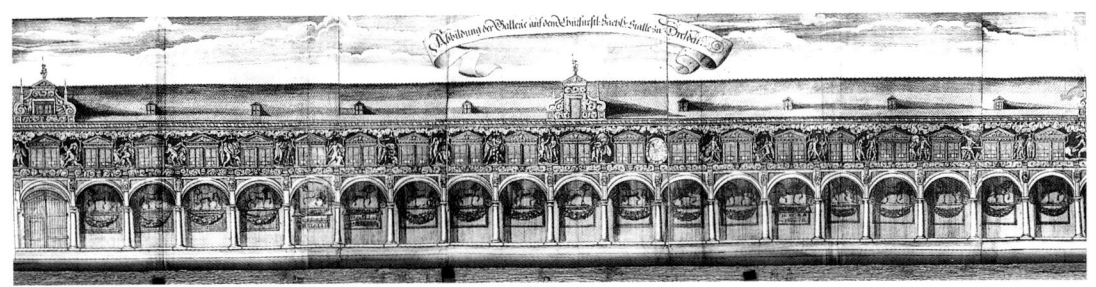

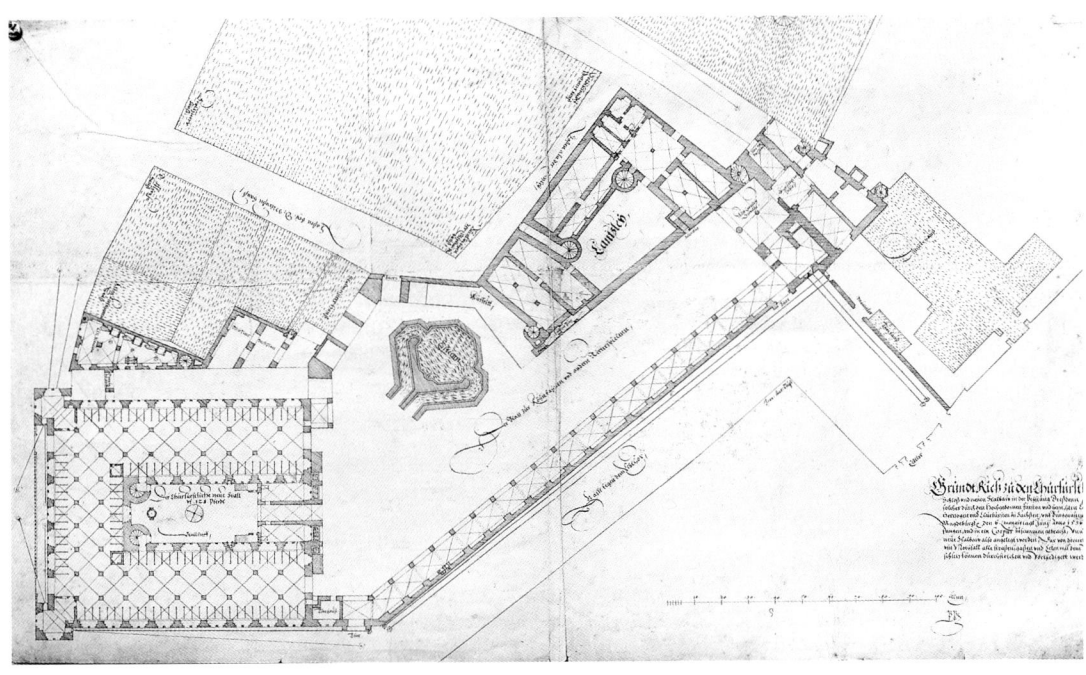

Florentiner Einfluß stehende Grablege der albertinischen Linie im Freiberger Dom und das Belvedere auf der Jungfernbastei der Dresdner Elbfestung entwarf, ließ sich in seiner Bauidee vom CORRIDOIO DER MEDICI in Florenz inspirieren. Der von einer einseitig offenen Säulenhalle getragene Lange Gang vereinte nicht nur das Hauptgebäude des Schlosses mit dem hochmodernen Neubau des Stallgebäudes, er trennte auch den zugehörigen Stallhof von der breiten, verkehrsreichen Augustusstraße ab. Der beidseitig durchfensterte Korridorraum im Obergeschoß diente dabei als Ahnengalerie der Wettiner. Der Hofmaler HEINRICH GÖDING, der die posthumen Portraits anfertigte, schuf auch großformatige Pferde- und Festdarstellungen auf Leinwand, die unter den Arkaden angebracht wurden. Die Außenfronten des Langen Ganges waren wiederum mit Kalkmalereien überzogen. Auf der Wandfläche zur Augustusstraße befand sich die friesartige Darstellung eines Triumphzugs von Reitern verschiedener Nationen, auf der Hofseite waren neben zeitgemäßem Ornament zwischen den Fenstern die Taten des Herkules dargestellt. Erstmals in der Dresdner Kunst fand hier ein Kurfürst sein mythologisches Vorbild in den bewunderten Leistungen des Halbgottes. Oberhalb der Säulen befinden sich die Wappen der sächsischen Landesteile.

Der westliche Teil des Stallhofes nahm den Bereich des mittelalterlichen Zwingers ein. Der Lange Gang wurde auf den Fundamenten der äußeren Stadtmauer errichtet, die innere Mauer bildet im wesentlichen bis heute die erhaltene Hoffront des Kanzleihauses. In dieser Stallhoffassade sind noch die Logen für die Schiedsrichter

Die Geschichte des Dresdner Schlosses

Das Torhaus Christians I. zum Kleinen Schloßhof mit seinem ursprünglichen Skulpturenschmuck und dem 1725 abgebrochenen Tempietto auf dem flachen Dach. Kupferstich aus Anton Weck, Chronik Dresdens, Nürnberg 1680

erkennbar, während der Lange Gang bei ritterlichen Turnieren und Festaufzügen als Zuschauergalerie diente. In dem sich nach Osten erweiternden Areal vor dem Stallgebäude ließ CHRISTIAN I. zudem eine Schwemme für seine kostbaren Pferde einrichten.

Der Stallhof war einer der schönsten Turnier- und Festplätze der deutschen Renaissance und wurde in dieser Funktion bis zur Mitte des 18. Jahrhunderts genutzt. Gedacht war er als ein gegenüber der Stadt abgeschlossener Bezirk, in den nur drei Tore führten. Neben einem rustiziertem Tor neben dem Stallgebäude und einem schmucklosen Zugang von der Schössergasse aus, bildete ein Prachtportal zur heutigen Augustusstraße neben dem Georgenbau den Hauptzugang. Dieses „Jagdtor" unmittelbar am Stadtzugang hinter der Elbbrücke diente dem Kurfürsten zur fürstlichen Repräsentation. Über dem Gebälk angebracht findet sich das von zwei Löwen gehaltene Kurwappen. Zwei Krieger in antiker Tracht rahmen eine auf einer viereckigen, von Rollwerk eingefaßten Tafel befindliche Inschrift ein. Der manieristische Skulpturenschmuck wurde zwischen 1587 und 1588 von ANDREAS WALTHER III geschaffen, der für die gesamte Bildhauerarbeit am Stallhofkomplex verantwortlich zeichnete.

Als weiterer Schritt zur Vergrößerung des Schlosses erfolgte unter CHRISTIAN I. die Neugestaltung des Platzes vor dessen spätmittelalterlichem Haupttor. Er wurde zum Kleinen Schloßhof umgebaut. Südlich des Ostflügels mit der Schösserei entstand zunächst zwischen 1589 und 1590 ein blockhaftes, leicht in die Schloßstraße herausragendes Portalgebäude. Im italienischen Geiste und wohl ebenfalls angeregt durch NOSSENI errichtete BUCHNER es als zwei-

geschossigen Triumphbau mit vorgeblendetem Portikus und flachem, von einer Balustrade umzogenen Dach. Bekrönt wurde das Gebäude von einem zierlichen Tempietto. Allegorische Figuren stellten fürstliche Tugenden dar: eine Skulptur der Gerechtigkeit erhob sich über dem Rundtempel, zwei Genien verkündeten posauneblasend von der Balustrade den guten Ruf des Fürsten. Auf dem mit Halbsäulenpaaren dorischer Ordnung und einer kräftigen Rustika geschmückten Portikus standen die Darstellungen von Glaube, Großmütigkeit, Stärke und Dankbarkeit. Unterhalb des mit Löwenköpfen geschmückten Architravs bildete ein Pelikan den Schlußstein des Torbogens. Er verweist auf die Erlösung der Menschen durch den Opfertod Christi.

Der sich hinter dem symbolhaften Gebäude erstreckende Kleine Schloßhof konnte bis zum Tode CHRISTIANS I. im September 1591 noch nicht fertiggestellt werden und erfuhr erst 1595 auf Drängen der Kurfürstenwitwe SOPHIA seine Vollendung. Nach dem Umbau eines südlich angrenzenden, stattlichen Bürgerhauses (Schreyer'sches Haus), das 1592 als Wohnsitz der beiden minderjährigen Söhne CHRISTIANS I. erworben worden war, wurde ein zweigeschossiger Arkadengang errichtet, der den hinzugewonnenen Gebäudetrakt mit dem Ostflügel des Schlosses verband. In der südwestlichen Ecke des Kleinen Schloßhofes führte ein offener Durchgang zum bereits vorhandenen „Churfürstinnen Gartenn". Den daran angrenzenden westlichen Abschluß des Kleinen Schloßhofes bildete die 1589 erbaute Badestube, ein kleines, würfelförmiges Gebäude von zwei Geschossen mit flachem Dach, das Formen das Torgebäudes wieder aufgriff.

Die Geschichte des Dresdner Schlosses

Durch den plötzlichen Tod CHRISTIANS I. blieben seine ehrgeizigen baulichen Aktivitäten, die weit über das Residenzschloß hinausgriffen, im Ansatz stecken. Da der Kurfürst zwei noch unmündige Söhne hinterließ, übernahm FRIEDRICH WILHELM VON SACHSEN-ALTENBURG als Kuradministrator die Regierung. Der in Torgau residierende Vormund beschränkte sich auf den Bauerhalt des Dresdner Residenzschlosses und ließ dazu beispielsweise 1595 den Hausmannsturm ausbessern. Folgen für die künftige Entwicklung des Schloßbezirks hatte die Errichtung eines Ballhauses im Zwingerbereich westlich vor dem Schloß. 1597 wurde es als Holzbau von BUCHNER und NOSSENI für die jungen Herzöge *„zu Abwendung überleier Feiste ein nüzlich Exercitium corporis"* am Zugang vom Taschenberg zum Garten errichtet und hatte bis zum Anfang des 18. Jahrhunderts bestand.

Die mit der Volljährigkeit CHRISTIANS II. (1583–1611) im Jahre 1601 einhergehenden Festlichkeiten hinterließen als bleibendes Zeugnis die beiden prächtigen, mit Trophäenreliefs geschmückten Bronzesäulen im Stallhof, die zum Ringestechen dienten. Sie wurden nach Entwürfen NOSSENIS durch Dresdner Kannengießer ausgeführt. Im folgenden Jahr 1602 ließ CHRISTIAN II. die Sgraffitobemalung des Schlosses, die unter dem sächsischen Klima gelitten hatte, von den Hofmalern WEHME, TREUDING und GÖDING vollständig erneuern und gleichfalls die Innenräume neu ausmalen.

Das Schloß wird unmodern

Blick nach Süden in den unter Johann Georg I. umgestalteten Riesensaal. Vorne links der Zugang zum Georgenbau, rechts zum Riesengemach und zur nordöstlichen Wendeltreppe.
Zeremonie der Verleihung des Hosenbandordens an Kurfürst Johann Georg IV. im Jahre 1693. Deckfarbenblatt von J. S. Mock, Dresden 1693, Kupferstich-Kabinett, Dresden

Auch der Riesensaal und die Kapelle erfuhren eine Neuausstattung. 1608 wurde der spätmittelalterliche Portalbau des Großen Schloßhofes modernisiert und die spitze spätgotische Haube durch eine offene Laterne ersetzt.

JOHANN GEORG I. (1585–1656), der seinem jung verstorbenen Bruder 1611 folgte, hatte von seinem Vater die Baulust nicht geerbt. Das von ihm 1618 vor der Westfassade des Schlosses errichtete Reithaus und das in dessen unmittelbarer Nachbarschaft 1620 erbaute Schießhaus waren offenbar reine Zweckbauten ohne besonderen architektonischen Schmuck, die vor allem den neuen Anforderungen des Hofes Rechnung tragen sollten. Die bedeutendste Baumaßnahme am Residenzschloß in der 45 Jahre während Regierungszeit JOHANN GEORGS I. war die Erneuerung des Riesensaales. 1623 wurden erhebliche Mängel am Dach des Ostflügels festgestellt, die eine Baumaßnahme nötig machten. 1627 begann der zwei Jahre zuvor eingestellte Hofbaumeister WILHELM DILICH mit dem Ausbau des Riesensaales. Der Festsaal, zu dem man über eine gleich neben dem spätgotischen Schloßportal liegende, innere Wendeltreppe gelangte, wurde um das darüber liegende Geschoss auf 9,60 m erhöht. Die Decke bestand aus einer bogenförmigen Holzkonstruktion, die mit einem reich beschnitztem Rahmenwerk versehen wurde, das in Segmente gegliedert war. Der Sockelbereich des Riesensaales erhielt eine festliche Marmorverkleidung. Anfang 1630 waren die Baumaßnahmen beendet. Nun konnte der Hofmaler KILIAN FABRITIUS mit der Ausschmückung des monumentalen Raumes beginnen. Bereits im darauffolgenden Jahr kamen die zügig ausgeführten Arbeiten des Hofmalers aufgrund der dramatischen Auswirkungen des Dreißigjährigen Krieges auf Sachsen zum Erliegen. Erst 1638 konnte CHRISTIAN SCHIEBLING die malerische Ausschmückung seines 1633 verstorbenen Lehrers fortsetzten. Im November jenen Jahres wurde der noch nicht vollendete Festsaal mit der Trauung des Kurprinzen JOHANN GEORG (II.) eingeweiht.

Im neuen Riesensaal war das politisch-religiöse Bildprogramm des Kurfürsten MORITZ dem ständisch geprägten Staatsverständnis JOHANN GEORGS I. gewichen. Das illusionistische Bildnis des auf einer Empore unter dem Gesamtwappen des Hauses Wettin stehenden Kurfürsten mit seiner kinderreichen Familie nahm die gesamte Südwand ein. Eine raumprägende Wirkung besaßen die Ansichten sächsischer Städte, die, ihrer Rangfolge innerhalb der Ständeversammlung folgend, an Teilen der Längswände und vor allem an der Decke angebracht waren. Im Deckenbereich fanden sich auch die Wappen des sächsischen Adels. Das mit seinen politischen Gliedern wiedergegebenen Kurfürstentum Sachsen erfuhr im Riesensaal eine universale Einbindung. In den tiefen Fensterleibungen befanden sich die „Nationes", großformatige Bilder von Vertretern der Völkerschaften aller vier bekannten Erdteile in illusionistischen Nischen. Den mächtigen Raum aber überfingen im mittleren Bereich der Decke auf blauem Grund die Tierkreiszeichen sowie die Sternbilder des südlichen und des nördlichen Himmels. Als Reminiszenz an die namengebenden Riesen stützten zehn Kriegerbildnisse von jeweils vier Meter Höhe auf jeder Seite das Gesims des frühbarocken Festsaales. Als der etwas provinzielle malerische Schmuck des Festsaales 1650 vollständig abgeschlossen war, war er von der künstlerischen Entwicklung längst überholt worden. Nach einer Generation des weitgehenden Stillstandes besaß Dresden ein unmodernes Schloß.

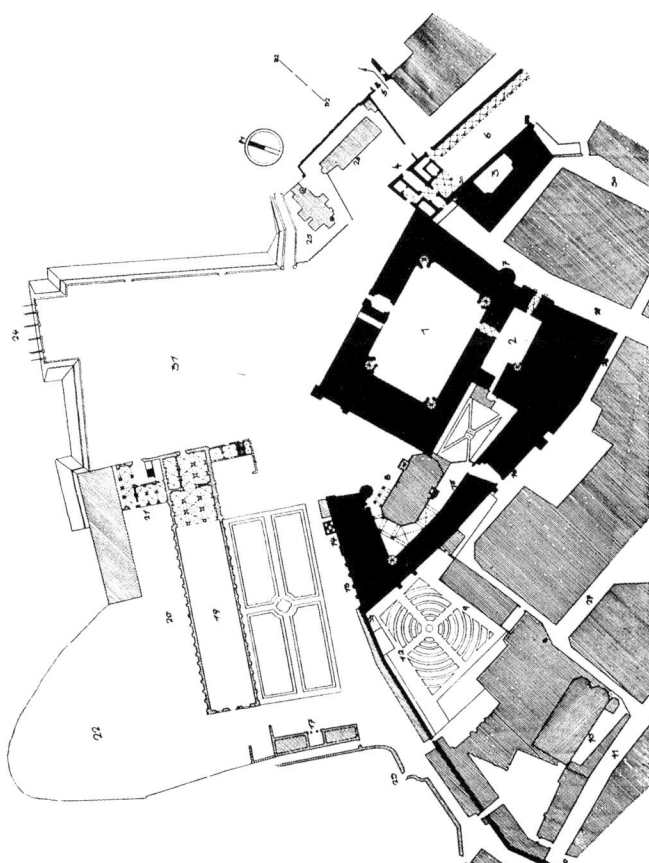

Das Schloßgelände um 1700.
Nach den Aufmessungen des Feldmessers Langer (1694) zusammengestellt.
(In Schwarz: Schloß und alte Schloßfreiheit)

1. *Großer Schloßhof*
2. *Kleiner Schloßhof*
3. *Kanzlei*
4. *Georgentor*
5. *„Schöne Tor"*
6. *Rennbahn*
7. *Schössereiturm*
8. *Komödienhaus 9. Ballhaus*
10. *Klosterkirche (Sophienkirche)*
11. *Große Brüdergasse*
12. *Neuer Churfürstlicher Garten*
13. *Jagdschreiberei*
14. *Kriegskanzlei*
15. *Futterboden*
16. *Apotheke*
17. *Grotte*
18. *Garten*
19. *Reithaus*
20. *Schießgarten*
21 *Schießhaus*
22 *Zwingergarten*
23. *Mönchsbastei*
24 *Feuerwerksgewölbe*
25. *Münze*
26. *Schmelzhaus*
27. *Kleine Brüdergasse*
28. *Taschenberg*
29 *Schloßstraße*
30. *Schössergasse*
31 *Feuerwerksplaz*
32 *Elbbrückenachse*
33 *Alte Stadtmauer*

Mit dem Herrschaftsantritt des Kurfürsten JOHANN GEORG II. (1613–1680) wurde die Baukunst 1656 nach einer Pause von mehr als 60 Jahren wieder in den Dienst höfischer Prachtentfaltung und Repräsentation gestellt. Sofort begann er mit der ehrgeizigen Unternehmung, die ererbte Renaissanceresidenz den Erfordernissen einer barocken Hofhaltung anzupassen und das Schloßareal wieder auf zeitgemäßes Niveau zu heben. Als erstes ernannte der Kurfürst den gerade 26 jährigen Ingenieuroffizier WOLF KASPAR KLENGEL, einen in Dresden geborenen Urenkel PAUL BUCHNERS, zum Oberlandbaumeister. KLENGEL, der die zeitgenössischen Architekturströmungen durch Reisen in die Niederlande, nach Paris und nach Italien persönlich kannte, stand vorher als Hauptmann für das Fortifikationswesen in venezianischen Diensten. Nach seiner Bestallung durch den JOHANN GEORG II. erhielt er den Auftrag, das Innere des Dresdner Schlosses durch eine dekorative Neuausstattung zu modernisieren. Die Umbauarbeiten begannen 1658 und zogen sich bis 1680 hin. Neben den Wohn- und Arbeitsräumen des Kurfürsten im ersten Geschoß des Westflügels wurden nach und nach fast alle Innenräume des Schlosses einbezogen. Erhalten hat sich davon in einer später vermauerten Fensternische einzig eine reiche, farbig gefaßte Stuckatur, die wohl zu einem der wichtigsten Zimmern dieses Schloßbereichs, dem Ratsgemach, gehörte. Das mit roten, weißen und schwarzen Marmortafeln und -säulen prächtig ausgestattete, hofseitige Ratsgemach und das zwingerseitig wohl daran anstoßende „marmorsteinerne Audienzgemach" bildeten den Mittelpunkt einer Folge barocker Staatsräume.

1662 erfolgte die Umgestaltung der kurfürstlichen Kapelle im Nordflügel des Schlosses durch KLENGEL. Seit 1617 war sie die Wirkungsstätte des Hofkapellmeisters HEINRICH SCHÜTZ, der zum ersten deutschen Komponisten von Weltgeltung aufstieg. Bis zu seinem Tode im Jahre 1672 stand SCHÜTZ, der die Entwicklung der protestantischen Kirchenmusik im 17. Jahrhundert bestimmte und der Hofkapelle eine Blütezeit bescherte, im Dienste der Kurfürsten von Sachsen. Mit dem Regierungsantritt JOHANN GEORGS II. erlangte in Dresden aber neben der von SCHÜTZ bestimmten protestantischen Musikauffassung auch die von italienischen Musikern geprägte barocke Kirchenmusik immer stärkeren Einfluß. Der musikalische Stilwandel und wohl auch die vom Kurfürsten im gleichen Jahr eingeleitete Gottesdienstreform beeinflußten die Umgestaltung der östlichen Partie der Schloßkapelle. Über dem Altarbereich wurde eine konvex geschwungene, auf vier roten Marmorsäulen ruhende Holzempore vor die Hauptorgel gesetzt.

*Der Zuschauerraum des von
Wolf Kaspar von Klengel
1667 fertiggestellten
„Comoedienhaußes".
Kupferstich nach einer
Zeichnung von J. O. Harms
aus dem Jahre 1678*

Sie bildete die „Singechöre", auf denen zwei weitere Orgelpositive
standen. Ein neuer, dem barocken Geschmack entsprechender Altar
vervollständigte die Modernisierung der Schloßkapelle.

JOHANN GEORG II. war hochmusikalisch und versuchte sich selbst
als Komponist. Seit 1638 gehörte zu seiner Hofhaltung eine Kapelle, in die allmählich immer mehr italienische Musiker eintraten.
Zusammen mit dem fruchtbaren Wirken von HEINRICH SCHÜTZ
begründete die sich über die kurprinzliche Kapelle in Sachsen eta-
blierende Barockmusik den Ruf Dresdens als eine der
Musikmetropolen Europas. 1662 wurde mit der vom kursächsischen Kapellmeister GIOVANNI ANDREA BONTEMPI komponierten
Oper „Il Paride" im Dresdner Schloß die erste italienische Oper im
nördlichen Deutschland aufgeführte. Zwei Jahre später ordnete der
Kurfürst an, das 1597 an der Südwestecke des Schlosses errichtet hölzerne Ballhaus abzureißen. Am 1. August 1664 erfolgte die
Grundsteinsteinlegung für das neue „Comoedienhauß", das nicht
nur einer festangestellte Komödiantengruppe eine Bühne gab, sondern auch die Aufführung von reich ausgestatteten Opern und
Opernballetten ermöglichte. Am 27. August 1667 wurde das äußerlich schlichte, aus Pirnaer Sandstein errichtete Gebäude mit der
Aufführung einer italienischen Oper eingeweiht. Auch technisch
war es ein hoch modernes Gebäude, dessen 25 m tiefer Bühnen-

Südliche Außenfassade des Westflügels und Südflügel am Schloßgarten. Die Fassade, vor der Klengel um 1667 eine Kolonnade mit Laufgang vorblendete, ist mit Sgraffiti der Renaissance geschmückt. Links das „Comoedienhauß". Kupferstich aus G. Tzschimmer, „Die Durchlauchtigste Zusammenkunft ...", Nürnberg 1680

Das im oben abgebildeten Kupferstich rechts erscheinende Portal zum Verbindungsbau zwischen dem kurfürstlichen Garten und dem Kleinen Schloßhof im Zustand von 2001 nach seiner Freilegung im Bärengartenflügel

raum 10 Kulissenpaaren Platz bot. Weitere Kulissen befanden sich in anschließenden Querflügeln. Ein von Obelisken flankiertes Proszenium trennte die Bühne von dem 16 m breiten und 20 m langen Zuschauerraum. In dem für den Hof vorbehaltenen Parkett und auf den beiden hufeisenförmigen, von Säulen und Pfeilern getragenen Rängen, soll eine enorme Anzahl Besucher Platz gefunden haben. Den Zuschauerraum überfing ein Deckengemälde, das der bedeutende Raumdekorateur JOHANN OSWALD HARMS als eine römisch geprägte Illusionsmalerei schuf. Es gewährte den Blick in den Himmel, durch den Helios auf seinem Sonnenwagen fuhr. Das von klassischer Strenge geprägte Rauminnere wurde zur ersten bedeutenden architektonischen Leistung des Barocks in Dresden.

Für fast 230 Jahre gehörte der Baukörper des Comoedienhaußes, der in seinem Inneren mehrfach dem wechselnden Geschmack angepaßt wurde und später auch seine Funktion wechselte, zum Kernbereich des Dresdner Schlosses. Erst 1888 wurde er abgerissen und an seiner Stelle der Platz vor dem Taschenbergpalais angelegt. Von diesem für den sächsischen Hof wichtigen Festspielhaus hat sich einzig ein von Doppelsäulen getragener Gang erhalten, der von KLENGEL der Südfassade des Westflügels des Schlosses vorblendet worden war. Über diesen Kolonnadengang konnte die Hofgesellschaft in das Komödien- und Opernhaus gelangen. Durch Umgestaltung des Badehauses CHRISTIANS I. entstand gleichzeitig unmittelbar südlich des Ganges ein sorgfältig gestalteter, relativ selbständiger Bau mit geschweiftem Dach, dessen Funktion heute nicht mehr bekannt ist.

Die Geschichte des Dresdner Schlosses

Unter JOHANN GEORG II. erlebte die Festkultur des Barocks in Dresden ihren ersten Höhepunkt. Die Hoffeste wurden als Abfolge von Paraden, Bällen, Turnieren, Balletten, Opernaufführungen und Schauspielen gefeiert, die in den Dienst der fürstlichen Selbstdarstellung und konkreter politischer Zwecke gestellt wurden. Fast regelmäßig veranstaltete JOHANN GEORG II. zudem prächtige Karnevalsfeiern mit Redouten, also Maskenbällen nach venezianischem Vorbild. Daher war ein Ersatz für das abgerissene Ballhaus, den KLENGEL zwischen 1668 bis 1669 gleich nach Vollendung des Opernhauses errichtet, von hohem Interesse. Das frühbarocke Ballhaus stand an der Stelle des heutigen westlichen Flügels des Taschenbergpalais' und nahm die östliche Seite des einstigen „Klostergärtlein" ein. 1673 bis 1674 folgte am Befestigungswall zwischen den Bastionen Luna und Sol, ca. 120 m von der Nord-

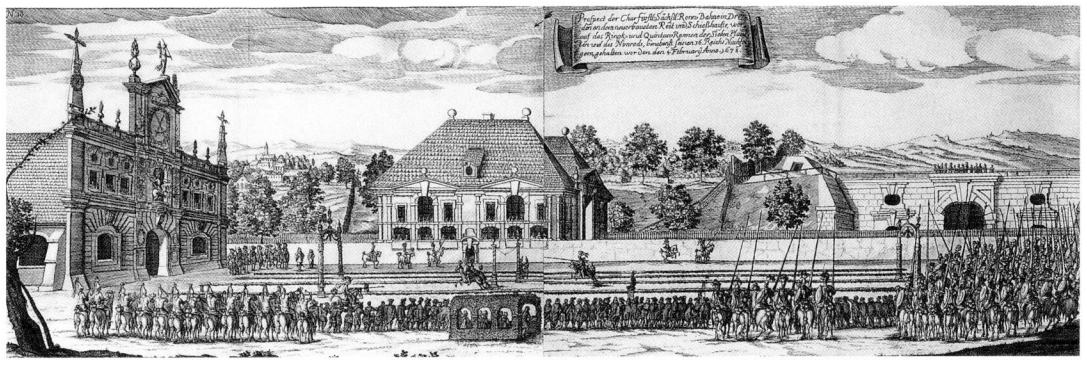

westecke des Schlosses entfernt und gleich neben dem Feuerwerksgewölbe, ein neues Schießhaus, dem der Vorgängerbau von 1620 weichen mußte. Waren diese drei Gebäude äußerlich eher zurückhaltend gestaltet, so erhielt das zwischen 1677 und 1678 von KLENGEL errichtete Reithaus eine fast schon monumentale Fassade. Das den ritterlichen Spielen der Hofgesellschaft dienende Gebäude wurde direkt neben dem Schießhaus errichtet und ersetzte das alte Reithaus von 1618. Diesem 98 m langen Reithaus mit seiner Rennbahn und den beiden Seitengalerien wurde in voller Breite von 28 m eine zweigeschossige, monumentale Schaufront vorgeblendet. Den mittleren Prunkgiebel, der von Obelisken flankiert und von einer Justitia bekrönt war, schmückte das Kurwappen. Darunter erhob sich über dem Eingangsportal eine Reiterstatue des Kurfürsten JOHANN GEORG II. en levade. Vor dem Reithaus lag zum Schloß hin ein regelmäßig angelegter Garten, der wohl mit dem in Urkunden genannten Zwingergarten identisch ist.

Die von W. C. von Klengel errichtete Schaufassade des Reithauses (1677 - 1678), dahinter das Schießhaus (1673 - 1674) und die Festungswälle.
Rechts Zugang zum Feuerwerksgewölbe. Kupferstich aus G. Tzschimmer, „Die Durchlauchtigste Zusammenkunft ...", Nürnberg 1680

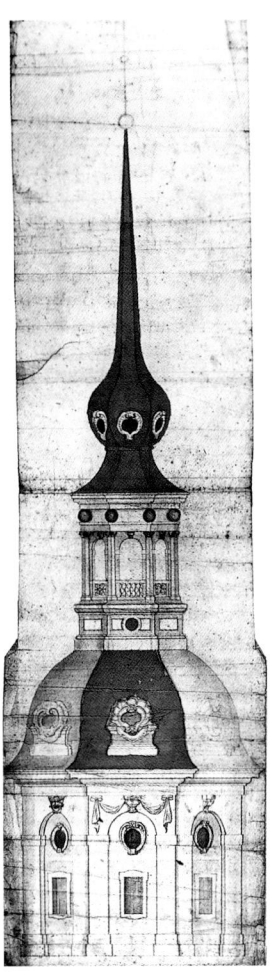

Die unter JOHANN GEORG II. geschaffenen vier Festhäuser im Zwingerbereich des Schlosses waren weder aufeinander noch auf das Schloß bezogen. Sie folgten architektonisch auch keinem Gesamtkonzept. Selbst die Erschließung dieses von der Stadt durch eine Mauer abgetrennten Festbereichs zwischen Stadtwall und Schloß war zunächst unbefriedigend gelöst.

Die Errichtung des Reithauses mit seiner monumentalen Fassade geschah in Vorbereitung einer der aufwändigsten Feierlichkeiten des Kurfürsten, der „Durchlauchtigsten Zusammenkunft", aus deren Anlaß es auch eingeweiht wurde. Das familiäre Gipfeltreffen, zu dem sich JOHANN GEORG II., seine Brüder und deren Familien in der Karnevalszeit des Jahres 1678 trafen, war innenpolitisch von großer Bedeutung und wurde über einen Monat von Festveranstaltungen begleitet. Seinen Nachkommen und insbesondere seinem ältesten Sohn hatte JOHANN GEORG I. ein gravierendes Problem hinterlassen. Er hatte die nach der Leipziger Teilung 1485 für die albertinische Linie der Wettiner festgelegte Primogenitur, die ungeteilte Übergabe des Landes an den ältesten männlichen Erben, außer Kraft gesetzt und seine drei jüngeren Söhne zwei Jahre vor seinem Tod mit kleineren, außenpolitisch vom Kurstaat abhängigen Territorien beschenkt. Nach dem 1657 in Dresden abgeschlossenen „Freundbrüderlichen Hauptvergleich" entstanden daraus drei zusätzliche Sekundogenituren mit eingeschränkter Selbständigkeit, die in unmittelbare Konkurrenz zum Kurstaat traten und Erbansprüche auf die Kurwürde besaßen. AUGUST (1614–1680) wurde Herzog von Sachsen-Weißenfels, CHRISTIAN (1615–1691) von Sachsen-Merseburg und MORITZ (1619–1691) von Sachsen-Zeitz. In Folge dieser Teilung entstanden in Zeitz die Moritzburg und in Weißenfels Neu-Augustusburg als frühbarocke Schloßbauten. Es waren dies mächtige Residenzschlösser, die architektonisch wesentlich moderner waren, als dasjenige in Dresden.

Mit den in Vorbereitung auf die „Durchlauchtigste Zusammenkunft" in Angriff genommenen Baumaßnahmen am Dresdner Schloß, die 1674 begannen, wollte JOHANN GEORG II. seine dynastischen Führungsansprüche gegenüber seinen Brüdern bestärken. Bis heute hat sich von dieser symbolhaften „Sanierung" des gesamten Schlosses nur noch die zwischen April 1674 und November 1676 nach Entwürfen KLENGELS durchgeführte Erhöhung des Hausmannsturmes erhalten. Durch die oberhalb des Trompetergangs errichtete barocke Kuppelhaube mit langer Spitze wurde der Schloßturm von 88 m auf weithin sichtbare 97 m erhöht. Zugleich erhielt der Turm ein Glockenspiel. Anschließend erfolgte eine Er-

Die Geschichte des Dresdner Schlosses

neuerung der inneren und äußeren Fassaden des Schlosses. Obwohl auch hierbei eine umfassende Barockisierung möglich gewesen wäre, entschied sich der Kurfürst, die weit über einhundert Jahre alte Fassadengestaltung durch Sgraffiti in ihrer dekorativen Vielfalt und ihrer alle Flächen überwuchernden Kleinteiligkeit beizubehalten. Zusammen mit den steilen Dächern der Renaissance und den wuchtigen Zwerchhäusern gab sich das Residenzschloß damit weiterhin als „altteutsche" Residenz zu erkennen – und das war auch beabsichtigt. Der Renaissancebau des Kurfürsten MORITZ besaß für die nachfolgenden Fürstengenerationen die Bedeutung eines historischen Monuments. Architektur und ästhetisches Erscheinungsbild waren unmittelbar mit dem Anlaß ihrer Entstehung, dem Erwerb der Kurfürstenwürde für das Fürstenhaus der albertinischen Wettiner, verbunden. Die Erhaltung der Sgraffitomalerei war deshalb für JOHANN GEORG II. nicht allein ein für die Zeit erstaunlicher Akt aktiver Denkmalpflege, sie diente ihm vor allem als Betonung seines hohen Standes und seiner dynastischen Vorrangstellung.

Ein vorhandenes Verständnis des Kurfürsten gegenüber moderner Barockarchitektur belegt neben dem großartigen Innenraum des „Comoedienhaußes" vor allem die 1678 in Angriff genommene Errichtung des Palais im Großen Garten. Gut 2 km außerhalb der Befestigung Dresdens schuf der Baumeister JOHANN GEORG STARCKE, beeinflußt durch den Kurprinzen JOHANN GEORG (III.), ein hochmodernes, in einer Gartenanlage eingebettetes Lustschloß. Mit dem von französischen Vorbildern angeregten Gartenpalais begann sich der Residenzcharakter Dresdens in die Umgebung der Stadt auszubreiten.

JOHANN GEORG III. (1647–1691) betätigte sich innerhalb des Schloßareals wie sein Vater als gestaltender „Denkmalpfleger", indem er den überkommenen Renaissancebau im Sinne der Schloßkonzeption des Kurfürsten MORITZ im südöstlichen Bereich vervollständigte und gleichzeitig modernisierte. Dort hatte sich wohl ebenfalls als symbolische Architektur das turmartige Torhaus des Herzogs ALBERT aus dem späten 15. Jahrhundert erhalten. Dieser eigenständige Baukörper grenzte an den östlichen Teil des Südflügels und sprang gegen den Großen Schloßhof hervor. Durch die räumlichen Vorgaben des Torturmes war es bisher nicht möglich gewesen, einen von der Symmetrie geforderten südöstlichen Wendelstein zu errichten. Zudem war die Zugänglichkeit der Obergeschosse des Schlosses für die Anforderungen der Barockzeit

Zwischen „Denkmalpflege" und Hochbarock

nur unzulänglich gelöst. 1682 ordnete Johann Georg III. an, das spätmittelalterliche Prunktor abzureißen. Die von Starcke geschaffene neue Verbindung der beiden Schloßhöfe wurde direkt in den Südflügel einbezogen und damit dieser Schloßtrakt nunmehr über alle Stockwerke mit dem Ostflügel verbunden. Zum kleinen Schloßhof gab sich das Portal zurückhaltend. Eine derbe Sandsteinrustika im Bereich der Durchfahrt zitierte ein Motiv des Torgebäudes Christians I. Der massive Schlußstein des Rundbogens nennt den Wahlspruch Devise des Bauherrn: *„Jehova vexillum meum"* (Jehova ist mein Panier). Im Bereich der ersten Etage befand sich als barockes Baumotiv ein Balkon mit feingearbeitetem Gitter vor einer dreiteiligen Tür- und Fenstergruppe.

Die Portalfront zum Großen Schloßhof wurde von Starcke weitaus festlicher ausgebildet. Vor das mit dem Kurwappen versehene Rundbogenportal waren Doppelsäulen toskanischer Ordnung mit einem rückspringendem Architrav geblendet. Die Säulen trugen eine schwere Balkonbrüstung, auf der die Skulpturen des Herkules und der Minerva standen. Das zwischen deren Postamenten angebrachte Gitter zeigte in seiner Mitte das Monogramm des Kurfürsten. Der Austritt der Fenster-Türgruppe wurde durch eine volutenförmige Umrahmung mit Rosetten und Blattranken besonders betont. Aus den bekrönenden Segmentgiebel ragt der Kopf der Göttin Juno hervor.

Mit dem Abriß des Torhauses wurde es möglich, den Großen Schloßhof durch einen vierten Treppenturm an der Südostecke zu vervollständigen. Der Barockbaumeister Starcke errichtete ihn in Angleichung an den Treppenturm der Südwestecke im zurückhaltenden Renaissancedekor. Die bauliche Veränderung des Schlosses wirkte sich auch auf das Innere des Gebäudes aus, wo der seit Kurfürst August im zweiten Obergeschoß des Südflügels vorhandene Schießsaal in eine barocke Raumflucht umgewandelt wurde. Im ersten Obergeschoß des Ostflügels löste man gleichzeitig die große Hofstube der Renaissance in eine Folge von Räumlichkeiten auf, die sogenannten „Galerie".

Johann Georg III., dessen Ruhm auf seinen militärischen Taten während der Türkenkriege beruhte, betätigte sich auch im westlichen Zwingerbereich als Bauherr. 1690 errichtete Johann Georg Starcke für ihn nahe des Reithauses ein Redoutenhaus, das allerdings nur zwei Jahrzehnte Bestand hatte und den Zwingerbauten Pöppelmanns weichen musste. 1691 baute Starke den Zuschauerraum des Klengelschen „Comoedienhaußes" um und fügte ihm vier statt der bisherigen zwei Ränge ein.

Schnitt durch die 1693 einge-
weihte „Englische Treppe"
nach ihrer Erneuerung nach
dem Schloßbrand.
Zeremonieller Empfang der
Erzherzogin Maria Josepha als
Gattin des Kurprinzen am 2.
September 1719. Kupferstich
aus den Darstellungen der
Festlichkeiten

JOHANN GEORG IV. (1668–1694), der älteste Sohn JOHANN
GEORGS III., setzte in seiner nur dreißig Monate währenden Regie-
rungszeit die begonnen Umbauten am Schloß kontinuierlich fort.
So wurde die Umwandlung der Schösserei am südlichen Ende des
Ostflügels zum Hapttreppenhaus nicht allein durch einen Brand im
Riesensaal im Jahre 1692 notwendig, sie ist auch eine Folge des
1683 fertiggestellten neuen Durchgangs zwischen den Schloßhöfen.
Das Residenzschloß erhielt damit eine barocke Treppe, durch die
die Repräsentationsetage im zweiten Obergeschoß zeitgemäß
erschlossen wurde. Am 26. Januar 1693 erfolgte ihre Einweihung
anläßlich der feierlichen Einkleidung JOHANN GEORG IV. zum
Ritter des englischen Hosenbandordens, was zu ihrer späteren
Bezeichnung als „Englische Treppe" führte.
Auch eine weitere Baumaßnahme wurde wohl noch unter dem
Vater des 1691 bis 1694 regierenden Kurfürsten geplant und aufgrund der Feiern des Hosenbandordens realisiert. Es handelte sich
dabei um ein Rundbogenportal, das in den Hausmannsturm eingefügt wurde. Bis zum ausgehenden 17. Jahrhundert gab es nur eine
schmale Pforte, die westlich des zentralen Hausmannsturms hinter
dem Altarbereich der Schloßkapelle durch den Nordflügel führte.
Von diesem wenig repräsentativen Durchgang übernahm das hoch-
barocke Prunkportal seinen Namen „Grünes Tor". Das nördliche

Schloßportal ermöglichte nicht allein einen feierlichen Zugang von der Elbbrücke in den Großen Schloßhof, es diente zudem als höfische Verbindung zu den Festgebäuden im Zwingerbereich vor dem Schloß. Die Flußseite der Gebäudedurchquerung war der Staatsrepräsentation gewidmet. Der Entwurf der triumphbogenartigen Rahmung wird dem 1691 verstorbenen KLENGEL zugeschrieben. Der Bildhauer MARCUS CONRAD DIETZE schmückte es mit Insignien der Macht und des Sieges, einem vom Kurhut bekrönten Wappen und plastischen Trophäen, die auf die Leistungen JOHANN GEORGS III. in den Türkenkriegen, insbesondere seiner Teilnahme in der 1683 siegreich beendeten Schlacht vor Wien, verweisen.

Zwischen königlicher Vision und sächsischer Realität

Mit FRIEDRICH AUGUST I. (1670–1733), dem jüngeren Bruder des unvermittelt verstorbenen JOHANN GEORG IV., wurde 1694 eine außergewöhnliche Persönlichkeit zum Herrscher Sachsens, die gewillt war, in eine führende Rolle unter den europäischen Mächten zu gelangen. Für den angestrebten Königstitel war FRIEDRICH AUGUST I. bereit, einen für die damalige Zeit ungeheuerlichen Tabubruch zu begehen und seine Konfession zu wechseln. Als er 1697 zum katholischen Glauben übertrat und wenig später unter dem Thronnamen AUGUST II. als gewählter König von Polen-Litauen in Krakau gekrönt wurde, mußte sich sein Schloß in Dresden ganz neuen Anforderungen stellen. Die königliche Majestät des später als AUGUST DER STARKE zum sächsischen Mythos aufgestiegenen Kurfürst-Königs warf ihren Glanz auf die bisherige kurfürstliche Residenz.

AUGUST DER STARKE setzte zielgerichtet und offensiv alle Formen der bildenden und dekorativen Künste als Medien seiner Innen- und Außenpolitik ein. Der neu gewonnene königliche Rang erforderte von ihm eine angemessene Selbstdarstellung und zwang ihn in seinen beiden Residenzstädten Warschau und Dresden zur architektonischen Konkurrenz mit den Höfen in Paris und Wien, Stockholm und Berlin. Die Baumaßnahmen am Schloß muß man daher zumeist im Zusammenhang mit aktuellen politischen Entwicklungen sehen. Der sächsisch-polnische Herrscher verfügte in künstlerischen Bereichen über herausragende Kenntnisse, Urteilskraft und fachliche Kompetenz. AUGUST DER STARKE hatte in seiner Jugend durch KLENGEL Architekturunterricht erhalten und während seiner zweijährigen Kavalierstour die Höfe von Versailles, Madrid, Lissabon, Turin, Florenz, Rom und Wien kennen gelernt. Dies wirkte sich insbesondere auf die verschiedenartigen Bauprojekte aus, an deren Planungsprozessen er sich in allen Phasen aktiv beteiligte.

Die Geschichte des Dresdner Schlosses

Von seinem Großvater hatte er die Nutzung des Festwesens als politisches Mittel übernommen. So war das erste Bauwerk, das er im Schloßbezirk errichten ließ, ein großes ovales Amphitheater im antikisierenden Stil aus Holz. Es wurde zum Karneval 1697 auf dem Reitplatz nahe den steinernen Festbauten JOHANN GEORGS II. errichtet.

Die durch AUGUST DEN STARKEN begründete sächsisch-polnische Union verlangte vom Herrscher die persönliche Präsenz in beiden kulturell sehr unterschiedlichen Staaten. Insbesondere im schwer regierbaren Polen-Litauen war die Anwesenheit der königliche Majestät erforderlich. Deshalb kam der Kurfürst-König vor allem in der ersten Hälfte seiner Regierungszeit, die vom Nordischen Krieg und dem daraus folgenden polnischen Bürgerkrieg geprägt wurde, wenn überhaupt nur wenige Wochen im Jahr nach Dresden. Erst nach Abschluß des Friedens von Warschau im Jahre 1717 erhöht sich die Verweildauer AUGUST DES STARKEN am sächsischen Hof wieder. So erfuhr er auch nur durch eine Depesche vom Schloßbrand, der am 25. März 1701 fast die Hälfte des Dresdner Schlosses in Schutt und Asche gelegt hatte. Der Brand war am Nachmittag des Karfreitages im Dachgeschoß des Georgenbaues

Der Residenzbezirk des Barock auf dem Zustand der Stadt Dresden von 1933-1935. Detail aus einem Stadtplan des Oberbaurats H. Koch

ausgebrochen. Er zerstörte die Wohnung der Prinzessin von Braunschweig-Wolfenbüttel im hohen Dachgeschoß, die Sommergemächer der Königin im zweiten Geschoß und die Gemächer Johann Georg IV. im ersten Geschoß. Im Ostflügel wurden die im Dachgeschoß gelegenen Vorratskammern, die Zimmer der Kammerleute der Königin, die Räume über der „großen Treppe", also der erst wenige Jahre zuvor errichteten „Englischen Treppe", und die darüber liegenden Wohnräume der Kammerfrau der Königin und ihres Leibschneiders vernichtet. Abgebrannt war auch der von einer gewaltigen Holzdeckenkonstruktion überfangene Riesensaal und die Gemächer der „neuen Galerie" im ersten Geschoß, in denen der kurfürstliche Statthalter Fürst von Fürstenberg seine Gemächer hatte. Auch der Nordflügel war bis zum Hausmannsturm niedergebrannt. Der Katastrophe zum Opfer fielen dort im Dachgeschoß die Räume des Hofbettmeisters, der als Schloßverwalter amtierte, sowie die der Bettmägde. Im zweiten Geschoß das „Braut Stübgen" und das daneben gelegene Zimmer, in dem die „Fräulein" der Königin wohnten. Im ersten Geschoß verbrannten die Salominisstube, das Prophetengemach und die zugehörige Kammer. Schließlich hatte der Brand den nordöstlichen Treppenturm und den Schössereiturm an der Silberkammer zerstört. Die Erdgeschoßbereiche der betroffenen Schloßflügel waren erhalten geblieben. Diese Aufzählung nach Dokumenten in den Archivalien lässt nicht allein die intensive Nutzung dieser Schloßflügel als Wohn- und Lebensbereich wichtiger Teile der kurfürstlich-königlichen Hofstatt erkennen, sie macht auch deutlich, daß August der Starke einer noch größeren Katastrophe entronnen war. Die im ersten und zweiten Geschoß des Südflügels gelegenen Wohn- und Paradeappartements Augusts des Starken und seiner Frau Christiane Eberhardine blieben ebenso verschont, wie die Repräsentationsräume im Westflügel, die Kunstkammer unter deren Dach und die Geheime Verwahrung in deren Erdgeschoß.

Zunächst wurde der verwüstete Schloßbereich nur beräumt und baulich gesichert. Gegen 1703 entstanden dann die ersten Pläne zu einem Neubau des Dresdner Residenzschlosses. Der weitreichendste Plan dazu stammte aus der Hand des Landbaumeisters Marcus Conrad Dietze. Er sah eine großartige Anlage vor, deren Realisierung den Abbruch des gesamten Schlosses und eine erhebliche Erweiterung des künftigen Schloßareals über die bestehenden Festungswerke nach Westen voraussetzte. Es sollte ein plastisch gestalteter Baukomplex entstehen, der an den von Bernini geprägten italienischen Barock anknüpfte und sämtliche vorhandenen Residenzen Europas übertroffen hätte. Wohl zeitgleich wurde durch einen heute unbekannten Architekten ein anderer Entwurf erarbeitet, der dem französischen Barockklassizismus nahe stand und die wenige Jahre zuvor begonnenen Schloßneubauten konkurrierender Könige in Berlin und Stockholm reflektierte. In Folge dieses Projektes gingen auch die zahlreichen folgenden Planungen von einer Bewahrung der Vierflügelanlage des Renaissanceschlosses mit ihren Treppentürmen aus. Wie seine Vorgänger mochte auch AUGUST DER STARKE nicht gänzlich auf die symbolhafte Wirkung des Moritzbaus als Würdezeichen der kursächsischen Erblande verzichten. Zwar wurde am Dresdner Hof der königliche Wunsch nach einer erheblichen Erweiterung der Residenz als realistische Vision angesehen, an einen Baubeginn war aber wegen des sehr ungünstigen Verlaufs des Nordischen Krieges und des gegen 1706 beinahe eintretenden Staatsbankrottes nicht zu denken.

Mit umso größerem Enthusiasmus betrieben AUGUST DER STARKE und seine Architekten in den folgenden Jahren die Planung für einen Schloßneubau weiter. 1711, als der Kurfürst-König nach dem Tode des Kaisers JOSEPH I. als Reichsvikar einen Höhepunkt seiner Macht erreichte, entstanden gleich eine ganze Serie von Fassadenrissen für eine neuen Schaufront des Schlosses, die vor dem zu

Entwurfsplan zum Schloßneubau, wahrscheinlich das „grosse Dessein" Pöppelmanns, mit den bis dahin entstandenen Bauten des Zwingergartens und Plänen zu dessen Erweiterung. Unten Mitte das Taschenbergpalais. Zeichnung von M. D. Pöppelmann aus dem Jahre 1714. Kupferstich-Kabinett Dresden

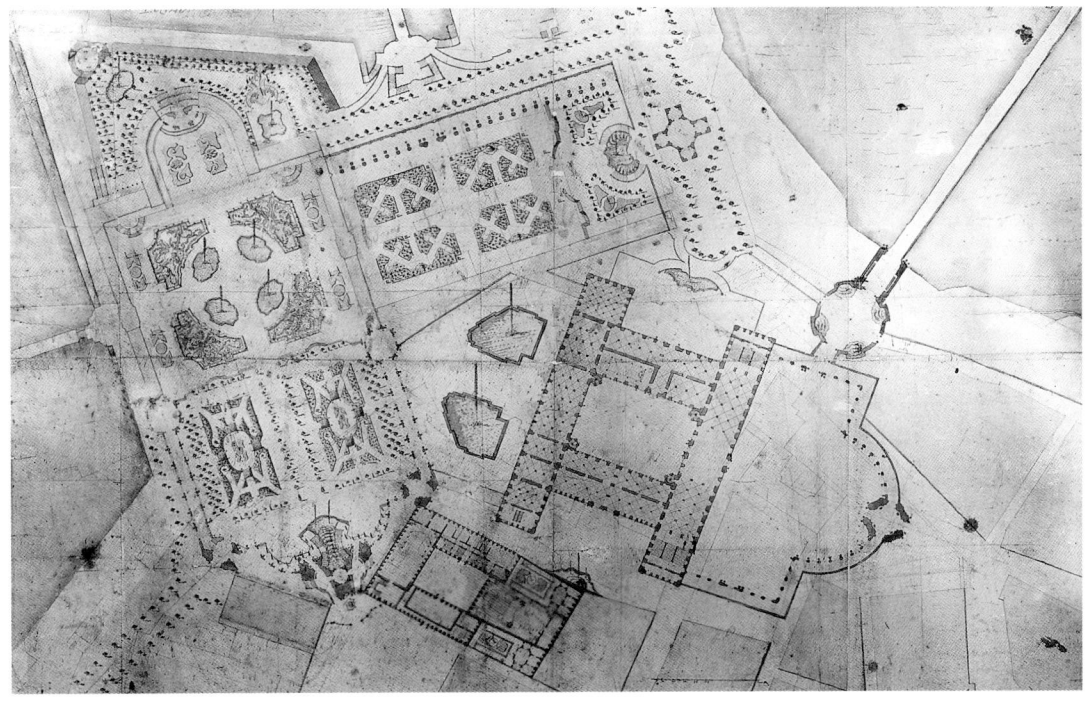

begradigenden Ostflügel errichtet werden sollte. Damals fertigte auch MATTHÄUS DANIEL PÖPPELMANN seine ersten Schloßentwürfe an. Im Sommer jenen Jahres wurde der favorisierte Entwurf sogar in einem maßstabsgerechten hölzernen Modell realisiert und die geplante Hauptfassade in Originalgröße auf Leinwand gemalt, um sie an Ort und Stelle begutachten zu können.

Eine erneute Projektphase setzte zwischen 1712 und 1714 ein. Nunmehr standen die Schloßentwürfe im direkten Zusammenhang mit der Erweiterung der neuen Zwingerbauten. PÖPPELMANN entwickelte ein „großes Dessein", das den gesamten vorhandenen Schloßbezirk, von den westlichen Festungswällen bis zum Stallgebäude, einbezog. Der Renaissancebau des Schlosses sollte im Ostflügel begradigte und durch zusätzliche Flügel und Anbauten erweitert werden. Die unverzichtbaren Festbauten, das Opernhaus und die Redoute, wurden in ein erweitertes Taschenbergpalais eingeordnet. Die bereits entstandenen Zwingergebäude sollten durch Galerien bis zur Elbe fortgesetzt und der gärtnerisch gestaltete nordwestliche Bereich des Zwingerbezirks durch kleinere markante Gebäude gliederte werden. Dieses Projekt hielt man wohl bis zum Frühjahr 1718 für realisierbar. Dann entschloß sich AUGUST DER STARKE, es nicht auszuführen, dafür aber das alte Schloß schnellstens wieder aufzubauen bzw. zu modernisieren. Für den Spätsommer 1719 war die Vermählung seines Sohnes mit der Tochter Kaiser JOSEPHS vorgesehen, die in einem königlichen Rahmen gefeiert werden sollte.

Taschenbergpalais und Zwinger

Alle Schloßbauplanungen unter AUGUST DEM STARKEN hielten sich weitgehend an die bestehenden Grenzen des höfischen Besitzes und sahen daher kaum großzügige städtebauliche Achsen vor. Das Residenzareal sollte sich erst im Verlauf des 18. Jahrhunderts allmählich südlich des Renaissanceschlosses in das Stadtgefüge hinein vergrößern. Ein wichtiger Schritt dazu wurde mit der Errichtung des Taschenbergpalais unternommen. Es war das erste Bauwerk, das AUGUST DER STARKE in Dresden realisieren konnte.

Am 22. August 1705 erwarb ANNA CONSTANZE VON HOYM mehrere nebeneinanderliegende Grundstück zwischen der Gasse Am Taschenberg und der Kleinen Brüdergasse. Von 1705 bis 1708 wurde im Auftrag des Kurfürst-Königs auf diesem Gelände ein herrschaftliches Wohnpalais für die 1706 in den Stand einer Reichsgräfin COSEL erhobene Grundeigentümerin errichtet. An der Planung und der Bauausführung waren mehrere Architekten beteiligt, wobei JOHANN FRIEDRICH KARCHER eine bedeutende Rolle zukam.

Die Geschichte des Dresdner Schlosses

Aufriß des Nordflügel des Taschenbergpalais.
Die Entwurfszeichnung eines unbekannten Architekten des an der Gasse Am Taschenberg gelegenen Hauptgebäudes entstand nach 1705.
Landesamt für Denkmalpflege Sachsen, Dresden

Das fürstliche Haus der Geliebten und Maitresse AUGUSTS DES STARKEN stand damals noch nicht in unmittelbarer Nachbarschaft des Schlosses, sondern wurde von diesem durch einen Gebäuderiegel aus der Zeit Kurfürst AUGUST getrennt. Ursprünglich war vorgesehen, dies sofort zu ändern und auch das westlich an das Palais grenzende Ballhaus abzureißen. Zunächst gingen die Planungen von einem freistehenden Vierflügelbau mit prächtigen Schaufronten an jeder Seite aus, der fast schon königlichen Charakter besaß. Bis 1708 konnte aber als reduzierte Version nur der vorgesehene Nordflügel als Hauptgebäude neu errichtet werden, während in die Seitenflügel Altbausubstanz wirkungsvoll und kostenbewußt einbezogen wurde. Das Erdgeschoß des Hauptgebäudes bildete mit drei nebeneinander liegenden Foyers, die zu einer zweiteiligen doppelläufigen Treppen überleiteten, ein festliches Entrée. Das erste Geschoß umfaßte eine Enfilade mit prunkvoll ausgestatteten Zimmern und einen über zwei Geschosse reichenden Festsaal am östlichen Ende. Die 19 Fensterachsen der viergeschossigen Hauptfassade gliederten sich in einen Mittelrisalit und zwei Seitenrisalite. Diese flächig gehaltenen Vorsprünge schmückte ein gegenständliches Dekor aus Blütenketten, Früchte- und Tuchgehängen sowie akzentuierenden Fensterverdachungen. Zur Betonung der Mittelachse dienten eine Portalarchitektur mit diagonalgestellten Säulen, die an Wiener Vorbilder anknüpfte, und zwei übereinandergestellte, vorschwingende Balkone. Nachdem Gräfin COSEL 1713 in Ungnade gefallen war, nahm AUGUST DER STARKE ihr Stadtpalais in seinen Besitz und ließ es zwischen 1715 und 1716

zum „Türkischen Haus" ausstatten. Bis 1718 nutzte er es für festliche Veranstaltungen und zur Unterbringung von Hofbediensteten. Dann wurde es erneut umgebaut, um als zukünftige Residenz des Kurprinzen FRIEDRICH AUGUST und seiner kaiserlichen Gemahlin zur Verfügung zu stehen. Diese Funktion behielt das Palais als Bestandteil der Residenz auch künftig bei.

Die städtebauliche Situation des Taschenbergpalais hatte sich gegen 1712 wesentlich geändert, als in seiner Nähe der heutige Zwinger als Festplatz Gestalt annahm. Die Zwingerbauten waren zunächst als Bestandteile der vorgesehenen Erweiterung der Königsresidenz gedacht. Vorausgegangen war den Steinbauten ein Festplatz, der 1709 westlich des Schlosses im Bereich des heutigen Theaterplatzes errichtet wurde. Die hölzerne Anlage wurde von PÖPPELMANN als Mittelpunkt für die glanzvollen Feste und Ritterspiele geschaffen, die anläßlich des Staatsbesuchs des dänischen Königs aufgeführt werden sollten. Dieses eindrucksvolle ephemere Gebilde blieb bis 1714 bestehen und gab dem Zwingergarten seine Form und Funktion.

Aus Anlaß der Feierlichkeiten von 1709 hatte AUGUST DER STARKE auch in der bisher vom Hof kaum genutzten „scharfen Ecke" der Bastion Luna eine bogenförmige Terrassenanlage anlegen lassen. In deren Scheitel war wohl zunächst ein Wasserspiel geplant, schließ-

Die Geschichte des Dresdner Schlosses

Der Wallbereich des
Zwingergartens von der
Brüstung des deutschen
Pavillons

Die von C. H. J. Fehling
geschaffene, grau getönte
Federzeichnung des Ringrennens
anläßlich des Caroussels der
Vier Elemente am 15. September
1719 zeigt die ursprüngliche
städtebauliche Situation des
Zwingerhofes. Nach Süden
begrenzte ein breiter
Wassergraben die Festanlage,
vor der westlichen Baugruppe
um den Wallpavillon erstreckte
sich das weitgehend unbebaute
Elbtal, zur Elbe hin schloß eine
aufwendige Holzkonstruktion
mit der Königsloge in der Mitte
den Bereich ab. Kupferstich-
Kabinett Dresden

lich errichtete man aber eine elegante Freitreppe, die auf die Wallkrone empor führte. Dies war der Beginn der bis 1730 andauernden und schließlich unvollendet gebliebenen Anlage des Zwingers. Heute erscheint der Gebäudekomplex wie ein einheitlich entstandenes Gesamtkunstwerk. Die Entstehungszeit dieses einzigartigen barocken Kunstwerks umfaßte aber mehrere Planungsphasen und Nutzungsänderungen. Das Heiterkeit und Festlichkeit ausstrahlende hofartige Ensemble wurde zu einem überragenden Gemeinschaftswerk des Oberlandbaumeisters PÖPPELMANN und des Hofbildhauers PERMOSER. Die eigentlichen Bauarbeiten begannen damit, daß AUGUST DER STARKE im Jahre 1710 PÖPPELMANN beauftragte, auf der nun vorhandenen Terrassierung eine Orangerie zu errichten, die von als Lusthäuser dienenden Gebäuden flankiert werden sollte. 1711 entstanden der nordwestliche Teil des Zwingergartens mit zwei doppelgeschossigen Pavillons, die heute als Mathematisch-Physikalischer und Französischer Pavillon bezeichnet werden. Deren Obergeschosse dienten als Festsäle, für die die Hofmaler SILVESTRE und FEHLING später Deckengemälde schufen und die mit einer reichen Innenarchitektur aus Marmor und Stuck ausgestattet wurden. Im Erdgeschoß des Mathematisch-Physikalischen Pavillons war eine Grottenanlage eingerichtet, die bis 1813 bestand. Das Erdgeschoß des Französischen Pavillons wurde hingegen als Foyer zu den dahinter liegenden Wasserspielen des Nymphenbades genutzt, in dem 1715 die ersten Skulpturen Aufstellung fanden. Die Pavillons waren durch zwei bogenförmige, galerieartige Orangerien verbunden, in deren Mitte die schon vorhandene Treppe leicht verändert integriert wurde. Erst vier Jahre später überbaute man sie durch den Wallpavillon. Das bildnerische Programm, das die Architektur des Zwingers überzieht, wurde von PERMOSER und zahlreichen Künstlern seines Umkreises geschaffen und umfaßte bis 1732 etwa 600 Figuren. Den unteren Zonen der Bauwerke sind jeweils Satyrn und Faune als Konsolträger vorgelegt, reich bewegte Putti finden sich in den mittleren Wandbereichen und die Dächer umziehen antike Götter und allegorische Figuren. Das symbolhafte Ornament an den Pavillonbauten der Westseite verweist noch auf das hohe Amt des Reichsvikars, das AUGUST DER STARKE als Kurfürst und König von Polen-Litauen zum Zeitpunkt ihrer Erbauung einnahm. Mit dem Beginn der Bauarbeiten an der Orangerie wurde das für JOHANN GEORG II. errichtete Reithaus, das die Sicht auf den Französischen Pavillon verstellte, erheblich verkürzt. Der verbleibende Bau wurde zusammen mit dem KLENGELSCHEN Schießhaus in den zwanziger Jahren abgebrochen.

Die zweite Bauphase des Zwingers begann 1714 und endete 1716. Der Kurfürst-König ließ nunmehr auf den Festungsmauern die Langgalerie und in deren Mitte das Kronentor anlegen. Dieses Haupttor zum Zwinger auf der Stadtmauer vereint mit seinen grazilen Formen die Funktion eines Triumphbogens mit der eines Torturms. Der von Adlern und Königskrone bekrönte Bau verweist auf den Machtanspruch und die dauerhaften dynastischen Ziele des sächsisch-polnischen Wahlkönigs. Die Grundmauern der Langgalerie und des Kronentores zum Zwingergraben auf der Mauerkrone der Bastion Luna bilden – neben der Brühlschen Terrasse – heute den einzigen noch sichtbaren Bereich der mächtigen Befestigung Dresdens. Nach 1715 entstand der schon genannte Wallpavillon mit seinem Festsaal. Dieser Pavillon „über der großen Treppe" wurde zum gestalterischen Höhepunkt des barocken Ensembles. Auf seiner Spitze erhebt sich, eine Himmelskugel stützend, der von PERMOSER signierte „Hercules Saxonicus" als Sinnbild des Kurfürst-Königs. Im „großen Dessein" PÖPPELMANNS aus dieser Zeit sind die bis dahin entstandenen Zwingerbauten als südwestlicher Abschluß des Residenzbezirks verzeichnet.

Die dritte Bauphase begann 1718 und wurde durch die für das kommende Jahr geplante Hochzeit des Kurprinzen ausgelöst. PÖPPELMANN errichtete – zunächst nur aus Holz – im Osten der Anlage und nahezu spiegelsymmetrisch zu den vorhandenen Bauten halbrunde Galerien: den Pavillon, in der sich heute die Porzellansammlung befindet, und den Deutschen Pavillon. Diese wurden durch den Stadtpavillon, der gleichzeitig als stadtseitiges Portal des Zwingers diente, verbunden. Der erstgenannte Pavillon wurde als Gartenfoyer für das von PÖPPELMANN geschaffene neue Opernhaus genutzt, das mit seiner hervorragenden Ausstattung den künftigen Rahmen für international beachtete Opernaufführungen geben sollte. Der Deutsche Pavillon war die Anbindung des Redoutenhauses

Die 1719 noch künstlerisch unvollendeten stadtseitigen Zwingerpavillons dienten als Foyers zum Gebäude der Redoute (links) und des Opernhauses (rechts). In der Mitte der Stadtpavillon mit dem Festsaal. Jahrmarkt im Zwinger beim Merkurfest mit Schaustellern und Aufzug der zwölf Nationen anläßlich der Hochzeitsfeierlichkeiten des Jahres 1719. Ausschnitt einer Radierung, die nach einer Zeichnung C. H. J. Fehlings geschaffen wurde

zum Zwinger, das PÖPPELMANN aus Holz über einem steinernen Unterbau errichtete. Die nördliche Flanke des Zwingers, die heute das nach Plänen von GOTTFRIED SEMPER zwischen 1847 und 1855 erbaute Galeriegebäude einnimmt, schloß seit 1719 eine hölzerne Tribüne mit der dem Kronentor gegenüberliegenden Königsloge ab. Für den Zwinger bedeuteten die Hochzeitsfeiern von 1719 eine erhebliche Zäsur. Der Baukörper wurde nun als geschlossene, eigenständige Festanlage angesehen und nicht mehr, wie ursprünglich gedacht, auf das Residenzschloß selbst bezogen. 1723 bis 1728 ersetzte man die hölzernen Pavillons und die Bogengalerien durch Steinbauten, die aber noch nicht durch Bildhauerarbeiten geschmückt waren. Bis in die 80iger Jahre des 18. Jahrhunderts blieb die baugebundene Plastik der stadtseitigen Zwingerfront unvollendet im rohbehauenen Zustand stehen, die heute vorhandene Freiplastik wurde erst viel später geschaffen. Der unvollendete Charakter des Zwingers zeigte sich vor allem an seiner Stadtseite. So führte zwischen dem Opern- und dem Redoutenhaus bis zum Beginn des 19. Jahrhunderts der Rohbau einer doppelläufige Treppe in Richtung des Festsaals des Stadtpavillons.

Der 116 m breite und 204 m lange Innenhof diente zunächst als variabler Festplatz und blieb deshalb ungestaltet. PÖPPELMANN hatte Pläne für eine Gartenanlagen entworfen, die aber unausgeführt blieben, obwohl dies durch eine Funktionsänderung des Zwingers ermöglicht worden wäre, zu der sich AUGUST DER STARKE 1728 entschloß. Die Gebäude des Zwingers wurden zum Museum, zum „Palais Royal des Sciences", umgewidmet. In die zuvor höfisch genutzten Festräume zogen neben den vielgliedrigen naturkundlichen Sammlungen die kurfürstliche Bibliothek, das Münzkabinett und das Kupferstichkabinett ein. Der Zwingerhof aber behielt seine ursprüngliche Funktion bei. Nach den Hoffesten von 1719, 1722 und 1723 wurden hier 1728, 1738 und 1747 weitere bedeutende Feierlichkeiten veranstaltet. 1746 wurde sogar ein kleines, hölzernes Opernhaus in der Mitte des Zwingerhofes errichtet. Dieses „Mingottische Theater" hatte aber nur ein Jahr Bestand und brannte 1748 ab.

Die Umgestaltung des Renaissanceschlosses

Die Errichtung eines großen Opernhauses am Porzellanpavillon des Zwingers war dringend notwendig geworden, nachdem sich AUGUST DER STARKE 1707 entschlossen hatte, das mit dem Schloß verbundene KLENGELSCHE Opernhaus von seinem „Cammer-Dessineur" JOHANN CHRISTOPH VON NAUMANN zur katholischen Kirche umbauen zu lassen. Die am Gründonnerstag des Jahres 1708

Innenansicht der 1708 im Bau des ehemaligen „Comoedien-haußes“ eingerichteten Schloßkirche Sanctissima Trinitatae während einer Messe, die in Anwesenheit des Kurfürst-Königs und des Kurprinzen-paares 1719 abgehalten wurde. Lavierte Pinselzeichnung von R. Leplat. Kupferstich-Kabinett Dresden

mit dem Patrozinium der Heiligsten Dreifaltigkeit geweihte Hof- und Pfarrkirche ersetzte die 1699 im Audienzsaal für die auswärtigen Gesandten im Schloß eingerichtete katholische Hofkapelle, die als Sakralraum bis 1918 weiterbestand. Der Umwandlung des „Comoedienhaußes“ zum Gotteshaus kam dessen kreuzförmiger Grundriß entgegen. Vor allem aber lag der mit dem Schloß verbundene Bau in unmittelbarer Nähe zu den im ersten Geschoß des Südflügels gelegenen Appartements des Kurfürst-Königs. AUGUST DER STARKE hat selbst Pläne für die Einrichtung der katholischen Kirche entworfen. Der hohe Rang der katholischen Majestät von Polen-Litauen spiegelte sich in der Ausgestaltung des Sakralraums durch JOHANN BAPTIST GROHNE wider. BALTHASAR PERMOSER schuf die Kanzel, den Taufstein und mehrere großformatige Skulpturen, BENJAMIN THOMAE die Engelsfiguren der Altar-umrahmung und GIOVANNI ANTONIO PELLEGRINI das Hochaltar-bild. Das Gebäude wurde bis 1751 als Hofkirche genutzt.

Fast zeitgleich ließ AUGUST DER STARKE eine von der Englischen Treppe bis zum südlichen Saal des Westflügels reichende Raumfolge im ersten Geschoß des Schlosses zu „apartements ordinaire Du Roy“, also zum repräsentativen, wenn auch eher privaten Wohnbereich ausbauen. Diese als „pfälzische Zimmer“ bezeichnete Enfilade begann mit dem Gardesaal an der nach dem Brand provisorisch wiederhergestellten Barocktreppe und endete mit einer Galerie, in der der Kurfürst-König privat zu speisen pflegte. An diese schlossen sich zwei kleine Kabinette an, von denen AUGUST DER STARKE eines 1716 als Spiegelkabinett und Aufbewahrungsort für seinen Juwelenschmuck einrichten ließ. Um den königlichen

Wohnbereich zu vergrößern, wurde der zwischen dem Kleinen Schloßhof und dem Garten gelegene Bau von KLENGEL um ein Geschoß erhöht und räumlich erweitert, so daß zwei fensterreiche und über zwei Geschosse reichende Säle entstanden, die gemäß dem Hofzeremoniell als Speise- und Audienzzimmer dienen sollten. An das Appartement des Königs grenzten im ersten Geschoß des Westflügels fünf größere Zimmer an, die nacheinander der Mutter AUGUSTS DES STARKEN, ANNA SOPHIA VON DÄNEMARK und seiner Gemahlin CHRISTIANE EBERHARDINE als Privatgemächer dienten. Nach 1715 war eine Zeitlang geplant, dort – und nicht wie später im Grünen Gewölbe – die Pretiosensammlung, die Edelsteingefäße und die Goldschmiedearbeiten des Kurfürst-Königs aufzustellen.

Im Februar 1717 erging der Befehl AUGUSTS DES STARKEN, die abgebrannten Teile des Schlosses umgehend wiederaufzubauen. Da nunmehr die Hochzeit des sächsischen Kurprinzen FRIEDRICH AUGUST mit der habsburgischen Kaisertochter MARIA JOSEPHA beschlossen war, musste das Residenzschloß bis Mitte des Jahres 1719, dem vorgesehenen Hochzeitstermin, wieder in Stand gesetzt werden. Die im März 1717 einsetzenden Bauarbeiten waren im vollen Gange, als sich der Monarch im Februar 1718 entschloß *„unser ietziges Schloß stehen zu laßen, mithin die so großen Unkosten zu erspahren, und die Zeit zu gewinnen."* Alle bisher verfolgten Neubaupläne wurden damit zu den Akten gelegt und das Renaissanceschloß von den Architekten PÖPPELMANN und LEPLAT in dau-

Der Große Schloßhof mit dem Ostflügel nach seinem spätbarocken Wiederaufbau. Zeremonieller Empfang der Erzherzogin Maria Josepha als Gattin des Kurprinzen am 2. September 1719. Kupferstich aus den Darstellungen der Festlichkeiten

Die Geschichte des Dresdner Schlosses

erhafter Form zu einer königlichen Residenz von europäischem Niveau umgestaltet. Im Äußeren machte sich dies durch die Beseitigung der gesamten Sgraffitomalereien, dem Abbruch des Schössereiturmes, die Barockisierung verschiedener Fensterzonen und die Umgestaltung der hohen Giebeldächer mit ihren Zwerchhäusern zu Mansardedächern im Bereich des Großen Schloßhofes deutlich. Im Inneren erlebte das Schloß eine noch weitergehende Überarbeitung. Das traditionell als Repräsentations- und Festetage dienende zweite Obergeschoß wurde zu einer ausgesprochen glanzvollen Raumflucht umgestaltet, die dem königlichen Zeremoniell am Hofe AUGUSTS DES STARKEN genügte.

Am 2. September 1719 konnte das Königsschloß zu Dresden mit dem festlichen Einzug des in Wien getrauten Hochzeitspaares eingeweiht werden. Durch das Residenzportal im Hausmannsturm gelangte der Festzug bis an die nunmehr lichtdurchflutete Englische Treppe und von dort in den zum Heldensaal oder Saal der Garde umgewandelten ehemaligen Riesensaal. Dieser Festraum hatte seine Dimensionen behalten, jedoch eine spätbarocke Spiegeldecke mit zusätzlicher Durchfensterung erhalten. Vom Riesensaal gelangte man in das Riesengemach, das durch die Einbeziehung kleinerer Räume zu einem mehr als 300 qm großen Tafel- und Spielsaal umgewandelt worden war. Durch neugeschaffene Wanddurchbrüche wurde das anschließende Turmzimmer in die Enfilade einbezogen. Hier wurden 1719 vor teilweise verspiegelten Schauwänden und auf Konsolen die Silberschätze der albertinischen Wettiner in Form eines Silberbuffets eindrucksvoll präsentiert. Mit Abschluß

Die südliche, zum Großen Schloßhof gerichtete Fensterfront des Steinernen Saales, seit 1722 Propositionssaal genannt, nach seiner spätbarocken Umgestaltung. Zeremonieller Empfang der Erzherzogin Maria Josepha als Gattin des Kurprinzen. Kupferstich aus den Darstellungen der Festlichkeiten

der Arbeiten am Grünen Gewölbe kamen spätestens seit 1732 in diesem Raum nur noch Porzellane zur Aufstellung. Der folgende ehemalige „Steinerne Saal" im westlichen Nordflügel wurde räumlich erhöht, mit neuen Fenstern versehen und erhielt eine spätbarocke Ausstattung. In ihr dominierte, ebenso wie im Riesengemach, eine thematisch zusammengehörende Folge von Gobelins. Nachdem 1722 in diesem Saal die Landstände zum Vortrag, der Proposition, des Verhandlungsthemas während des Landtages zusammengetreten waren, erhielt er den Namen Propositionssaal. Mit dem zum Westflügel gehörenden Eckparadesaal erreichte der

Der Eckparadesaal, oder das Ecktafelgemach, im Westflügel beim Empfang der Erzherzogin Maria Josepha. In ihm fand das zeremonielle Schauessen des Monarchen statt. Kupferstich aus den Darstellungen der Festlichkeiten

Besucher des Schlosses die eigentlichen Paraderäume. Der Saal diente bei zeremoniellen Empfängen dem fürstlichen Schauessen und wurde deshalb auch als Ecktafelgemach bezeichnet. Von diesem Raum aus gingen zwei Zeremonialwege zum Prunkschlafzimmer bzw. zum Audienzgemach. In ihrer Gliederung entsprechen die spätbarocken Paradezimmer damit den in der Renaissance hier befindlichen „Brandenburgischen Zimmern". Zum Zwingerbereich gelegen befanden sich das Erste und das Zweite Vorzimmer sowie das Audienzgemach des Kurfürsten von Sachsen. Der Paradeweg durch die sich in ihrem Ausstattungsluxus immer mehr steigernden Räume gipfelte in dem etwas erhöht unter einem Baldachin aufgestellten Audienzstuhl. Hofseitig entsprach dem Audienzgemach das an französische Etikette erinnernde Paradeschlafzimmer, das AUGUST DER STARKE nur zu privaten Audienzen nutzte. Es folgten in Richtung auf den Eckparadesaal die Erste und Zweite Retirade. Die südlich gelegenen Räume zwischen

Die Geschichte des Dresdner Schlosses

den Paradezimmern und der Englischen Treppe ließ der Kurfürst-König seit Februar 1718 zur Präsentation seiner Gemäldesammlung und seiner Skulpturen herrichten. Im Südflügel entstand eine 61,6 m lange Galerie mit nach Norden gehenden Fenstern und zwei Bilderkabinetten im Westflügel. Alle Säle und Räume des zweiten Geschosses des Schlosses bildeten somit eine aufeinander abgestimmte Einheit.

Oben das Audienzgemach in seiner spätbarocken Ausstattung. In diesem Raum begegnete Maria Josepha erstmals ihrem Schwiegervater. Unten das Paradeschlafzimmer, in dem während der Zeremonie die private Audienz der Erzherzogin beim Kurfürst-König stattfand. Kupferstiche aus den Darstellungen der Festlichkeiten

Im Jahre 1719 konnte AUGUST DER STARKE auch seine neuen Privatgemächer beziehen, die nunmehr in das erste Geschoß des wiederaufgebauten Georgenbaus verlegt wurden. In diesen Räumen fanden die täglichen Beratungen und Verhandlungen sowie private Audienzen statt. An gleicher Stelle hatte sich das 1701 vernichtete private Appartement JOHANN GEORGS IV. befunden. Spätestens seit 1721 dienten die im Geschoß darüber gelegenen Räume als Bilderzimmer.

Die bestechende Konzeption des zweiten Schloßgeschosses als staatspolitischer und zeremonieller Mittelpunkt der Residenz erfuhr bereits gegen 1725 eine erste Veränderung, als AUGUST DER STARKE den Bereich seiner früheren Privaträume im Südflügel und die darüber liegende große Bildergalerie als Appartements des Kurprinzen und der Kurprinzessin ausstatten ließ. Die Appartements waren zwar 1726 fertiggestellt, doch schon im März 1727 bezog das Prinzenpaar auf Anordnung des Kurfürst-Königs erneut das Taschenbergpalais. Die Bestände der Bildergalerie waren 1726 in den Saal der Garde verlegt worden, den früheren Riesensaal, in unmittelbare Nähe zu den Bilderzimmern im Georgenbau. Die notwendige Hängefläche in dem zuvor für große Feste genutzten Raum konnte durch Verbretterung der hofseitigen Fensternischen gestellt werden. Die Einrichtung einer imposanten, in ihrer räumlichen Situation betonten Gemäldegalerie im Schloß wurde zu einer Zeit durchgeführt, als AUGUST DER STARKE die öffentlichkeitswirksame Präsentation seiner vielfältigen Kunstsammlungen betrieb. So erfolgte zwischen 1723 und 1729 die Aufstellung seiner Schatzkunstsammlung – der Pretiosen, der Juwelengarnituren, des

Das Stallgebäude nach seinem Umbau unter August dem Starken zwischen 1730 und 1731 zum barocken Festhaus und Logiegebäude für Fürsten. Ansicht der Hauptfassade am Jüdenhof. Im Erdgeschoß blieben die Stallungen erhalten. Kupferstich von M. Bodenehr

Die Geschichte des Dresdner Schlosses

Silberschatzes und weiterer Kostbarkeiten – in acht Räumen, die unter dem Namen des Grünen Gewölbes Weltruhm erlangten.

Nach der konsequenten Barockisierung des Renaissanceschlosses widmete sich AUGUST DER STARKE in seinen letzten Regierungsjahren dem östlichen Residenzbereich. 1725 ließ er den auf dem Torgebäude des Kleinen Schloßhofs durch CHRISTIAN I. errichteten Tempietto abreißen. Fünf Jahre später erfolgten weitere Bauarbeiten am Georgenbau. Der über dem Jagdtor gelegene balkonartige Altan wurde aufgestockt und der dadurch gewonnen Raum dem Privatappartement des Kurfürst-Königs bzw. den Bilderzimmern zugeordnet. Gleichzeitig wurde der bis dahin noch vorhandene elbseitige Erker des alten Georgenbaues abgebrochen und mit der Öffnung des Tores die Schloßstraße wieder zur Hauptverkehrsachse Dresdens erhoben. Diese Veränderungen waren eine Folge der umfangreichen Baumaßnahmen an der Elbbrücke zwischen 1727 und 1731. Nach Plänen PÖPPELMANNS wurde das bisher festungsartig gesicherte Brückenbauwerk zu einer Promenade umgestaltet, die die Residenzstadt Dresden mit der im Entstehen begriffenen „Neuen Königsstadt" auf dem rechten Flußufer verband.
Gleichzeitig begannen Umbauarbeiten am Stallgebäude der Spätrenaissance. Der Architekt VON FÜRSTENHOFF, der bereits die Bauarbeiten am Georgenbau geleitet hatte, ließ 1730 bis 1731 die Renaissancegiebel abbrechen und errichtete vor der Fassade zum Jüdenhof eine doppelläufige Freitreppe. Durch sie gelangte man in das Obergeschoß, das in eine prächtig ausgestattete spätbarocke Raumfolge für fürstliche Gäste und Festlichkeiten umgewandelt wurde, in der noch 1742 König FRIEDRICH II. VON PREUSSEN logierte. Anschließend wurde der Lange Gang zwischen 1731 und 1733 unter Beibehaltung prägender Elemente der ursprünglichen Raumausstattung als Gewehrgalerie eingerichtet. Diese Prunkwaffensammlung gehörte zum Gesamtkonzept einer Museumsordnung, der sich AUGUST DER STARKE in seinen den letzten Regierungsjahren widmete. Auch das letzte gegen 1730 von ZACHARIAS LONGUELUNE vorgelegte Projekt einer Erweiterung des Residenzschlosses in Richtung des Zwingerbereichs hatte neben dem Neubau des Ostflügels in monumentalen Formen die Einrichtung von Museumsgalerien zum Thema. Als AUGUST DER STARKE im Februar 1733 in seiner zweiten Hauptstadt Warschau starb, hatte er das Dresdner Residenzschloß wie kein anderer Kurfürst seit der Mitte des 16. Jahrhunderts verändert.

Der Schloßplatz mit der königlichen Kutsche mit August III. Links der 1717 wiederaufgebaute Georgenbau, daran anschließend die Elbfassade des Schlosses. Rechts die im Bau befindliche Hofkirche. Ausschnitt aus dem 1748 entstandenen Gemälde „Dresden vom linken Elbufer oberhalb der Augustusbrücke" von B. Bellotto, genannt Canaletto. Gemäldegalerie Alte Meister, Dresden

Querschnitt durch Schiffe und Prozessionsumgang der katholischen Hofkirche von G. Chiaveri. Die Zeichnung von S. Wetzel aus dem Jahre 1747 überliefert die beabsichtigte Innenausstattung. Landesamt für Denkmalpflege Sachsen, Dresden

Die Geschichte des Dresdner Schlosses

Sein Sohn Kurfürst Friedrich August II. (1694–1763), der ihm 1734 als König von Polen-Litauen unter dem Thronnamen August III. nachfolgte, führte die Erneuerung der Residenzbauten weiter. 1737 ließ er das sechs Jahre zuvor im Inneren umgebaute Kanzleihaus auch im Äußeren umgestalten. Dadurch wurden die letzten sichtbaren Reste der Sgraffitobemalung, die für die Dresdner Schloßgebäude so typisch gewesen waren, beseitigt. Im gleichen Jahr wird berichtet, das Schloß sei *„so stark bewohnet als es sonst niemahls gewesen"*. Der zweite Kurfürst-König hatte gleich nach seinem Regierungsantritt die für ihn neu eingerichteten Wohnräume seines Vaters bezogen und gleichzeitig die darüber liegenden Bilderzimmer August des Starken zum Appartement seiner Gemahlin Maria Josepha umgestalten lassen. Der in ihren Wohnräumen befindliche Musiksaal wurde für zwei Jahrzehnte zum Mittelpunkt des höfischen Musiklebens. Für die gläubige Katholikin entstand im nördlichen Teil des ehemaligen Riesensaales eine Kapelle mit Sakristei und größerem Vorzimmer, während dessen südlicher Bereich als verkürzter Saal bis 1739 weiterbestand. Mit dem neuen Herrscherpaar waren auch deren sieben Kinder als Prinzen und Prinzessinnen eingezogen, für die nach und nach, ihren Repräsentationspflichten genügend, Appartements geschaffen werden mußten. Fünf weitere Kinder kamen in den nächsten Jahren bis 1740 hinzu.

1736, in dem Jahr, in dem August III. nach Beendigung des polnischen Thronfolgekrieges während des Pazifikationsreichstages in Warschau allgemeine Anerkennung als König erfuhr, setzten für das königliche Schloß zu Dresden wieder Neubauplanungen ein. Jean de Bodt und Johann Friedrich Knöffel waren die Schöpfer umfangreicher Projekte, die erneut einen Umbau und eine zeitgemäße Vergrößerung des Schloßbaues in westlicher Richtung vorsahen. Seit 1737 beteiligte sich auch der römische Architekt Gaetano Chiaveri , der aus den Diensten Peters des Grossen 1720 an den polnischen Königshof nach Warschau gewechselt war, an diesen Schloßvisionen. Davon realisiert wurde nur die am 29. Juni 1751 wiederum der Heiligsten Dreifaltigkeit geweihte Hofkirche. Zwischen 1738 und 1751 entstand ein ungewöhnlicher Sakralbau, der architektonische Motive des italienischen Hochbarock mit denen des französischen Barockklassizismus vereinte. Zunächst wurden die elbseitig vor dem Schloß gelegene Münze, das Brückentor und Teile des Festungswerkes abgebrochen, ein Joch der Brücke zu- und das Elbufer aufgeschüttet. Damit entstand neben dem Baugrund für den Sakralbau ein weit geöffneter Platz, der heutige Schloßplatz, der als gemeinsamer Vorplatz für die Hofkirche und den Georgenbau gedacht war. Im folgenden Jahr 1739 konnte der Grundstein für den „gewissen Bau" gelegt werden, der im streng lutherischen Sachsen ein hochemotionales Politikum darstellte. Auf kurfürstlichem Baugrund wurde die majestätische Hofkirche demonstrativ zwischen der Nordfront des Schloßes und dem Elbufer errichtet. Sie wurde nicht zuletzt zur Steigerung ihrer architektonischen Wirkung in bewußter Schräglage und nicht wie üblich nach Westen ausgerichtet erbaut. Es entstand eine fünfschiffige Basilika mit überhöhtem Mittelschiff, deren inneres Seitenschiff als Prozessionsgang benutzt werden konnten. Vom Kirchenraum getrennt erhebt sich der 85,5 m hohe, filigran wirkende Turm im Nordosten. Der schließlich 1754 vollendete, zunächst glockenlose Turm steht in bewusster Konkurrenz zum kurfürstlichen Würdezeichen des Hausmannsturmes und prägt noch immer das Stadtbild Dresdens. Das Außen durch Pilaster plastisch gegliederte Kirchenschiff wird durch 59 Heiligenfiguren von 3,50 m Höhe geschmückt, die auf hohen Balustraden stehen. 19 weitere Figuren sind in Nischen aufgestellt. Die stark bewegten, das Erscheinungsbild der Hofkirche prägenden Skulpturen schuf der römische Bildhauer LORENZO MATTIELLI. Königin MARIA JOSEPHA nahm maßgeblichen Einfluß auf das theologische Programm, in dem die Evangelisten, die Kardinaltugenden, die Apostel und ausgewählte Heilige den gegenreformatorischen Eifer der Bauherrin und ihres jesuitischen Beraters bezeugen. Ebenso wie bei der Festanlage des Zwingers verbindet sich in der Hofkirche Bau- und Bildhauerkunst zu einer künstlerischen Einheit von europäischem Rang.

Noch vor Baubeginn wurde 1737 die für das Luthertum ausgesprochen symbolhafte evangelische Hofkapelle im Nordwestflügel des Schlosses aufgelöst. Der Altar, das Taufbecken und das Außenportal, die „Schöne Tür", wurden zur Sophienkirche überführt, die in den Rang einer evangelischen Hofkirche aufstieg. Das Kapellenportal gelangte beim historistischen Umbau dieser ältesten Klosterkirche Dresdens im Jahre 1872 an ihren heutigen Platz am Jüdenhof. Der Raum, den die Schloßkapelle eingenommen hatte, wurde im Obergeschoß in ein Appartement für eine Prinzessin und im Erdgeschoß als Archiv des geheimen Kabinetts umgebaut. Auch das Haus des evangelischen Hofpredigers, das im Anschluß an den Kleinen Schloßhof auf dem Grund des heutigen Südflügels lag, wurde abgerissen. KNÖFFEL errichtet an seiner Stelle einen an die Schloßgebäude angepaßten Wohnsitz für die Prinzessin von WEISSENFELS. Dem Platzbedarf im Schloß konnte auch dadurch

entsprochen werden, daß die älteren Söhne des Monarchen 1741 das Taschenbergpalais bezogen.

Durch den Umbau des als Gemäldegalerie genutzten ehemaligen Riesensaales gab es im Schloß zunächst keine repräsentative Gemäldegalerie mehr. Dies mußte als umso mißlicher empfunden worden sein, da AUGUST III. ein begeisterter Gemäldesammler war und die ererbten Bestände durch glückliche Erwerbungen zu einer der bedeutendsten Bildersammlungen seiner Zeit erweiterte. Zwischen 1744 und 1746 ließ er deshalb das Stallgebäude durch Oberlandbaumeister KNÖFFEL zu einer neuartigen Gemäldegalerie umbauen. Der Oberlandbaumeister schuf einen in sich geschlossenen, harmonischen Baukörper. Dazu wurden die 1730 entstandenen oberen Stockwerke zu einem einzigen Geschoß mit 9 m hohen Rundbogenfenstern zum Jüdenhof zusammengezogen und die Wendelsteine und bastionsartigen Altane der Renaissance abgerissen. Zukunftsweisend für die Geschichte des Museumswesens wirkte die nur locker durch die Gewehrgalerie mit dem Residenzschloß

Die Westfront der Hofkirche am Theaterplatz, dem nördlichen Teil des einstigen Zwingerbereichs, von der Semperoper aus

verbundene Gemäldegalerie Augusts III. dadurch, daß mit ihr das Museum als städtebaulich eigenständiges Bauwerk wesentlich weiterentwickelt wurde.

Die letzte große Baumaßnahme der augusteischen Epoche bildete die 1756 begonnene Erweiterung des Taschenbergpalais um den Westflügel und den Großen Hof durch Julius Heinrich Schwarze. Bereits 1755 war das Kurprinzenpalais durch einen brückenartigen Gang im ersten und zweiten Geschoß direkt mit dem Schloß verbunden worden. Bis 1763 vervollständigte Schwarze die Hofbebauung der ursprünglich geplanten Vierflügelanlage und errichtete den zum Zwinger gelegenen Seitenflügel mit dem Ehrenhof. Es entstand eine der schönsten Palaisanlagen des Rokoko in Dresden. Im Inneren erhielten zahlreiche Räume und die neue Schloßkapelle Rokokointerieur von hoher Qualität. Der Erweiterung des Taschenbergpalais nach Westen fiel das Ballhaus von Klengel zum Opfer. Anstelle der 1751 großteils abgebrochenen Hofkapelle, des einstigen Comoedienhaußes, wurde deshalb von 1755 bis 1757 ein neues Ballhaus errichtet.

Viel zu Feiern gab es zu dieser Zeit in Dresden nicht. Der von 1756 bis 1763 andauernde Siebenjährige Krieg, zu dessen bevorzugtem Schlachtfeld Sachsen wurde, führten zum fast vollständigen Erliegen des Hoflebens in Dresden. August III. war mit seinem Premierminister Graf Brühl und dem Staatsschatz in seine zweite Hauptstadt Warschau übergesiedelt. In Dresden verblieben Königin

Die Geschichte des Dresdner Schlosses

MARIA JOSEPHA bis zu ihrem Tode im Jahre 1757 sowie zeitweilig der Kurprinz FRIEDRICH CHRISTIAN und seine Gemahlin MARIA ANTONIA. Während der preußischen Besetzung der Stadt wurden einige Räume des Schlosses in Mitleidenschaft gezogen und bei der Beschießung Dresdens durch preußische Truppen das Schloß „*an verschiedenen Orten durchschossen*", während gleichzeitig ein Viertel der Stadt und fast die gesamten Vorstädte vernichtet wurden. Auf Wunsch des Kurprinzen FRIEDRICH CHRISTIAN, der bei seinen Schwiegereltern in München Schutz gesucht hatte, entwickelte der bayerische Hofarchitekt FRANÇOIS DE CUVILLÉS 1762 einen Plan zum Wiederaufbau Dresdens, der die Entfestigung der Stadt vorsah und den Schloßbezirk weiträumig westlich des Zwingers erweitern wollte. Es war dies der letzte der visionären Schloßbauprojekte des 18. Jahrhunderts.

In Vorbereitung auf die Rückkehr des Königs richtete der Oberlandbaumeister SCHWARZE hingegen seit 1761 im ersten Geschoß des Ostflügels, des Georgenbaues und eines Teils des Nordflügels eine prächtig ausgestattet Raumfolge ein, die zu den bedeutenden deutschen Innenarchitekturen des Rokoko gezählt werden kann. In ebenso großzügiger wie funktioneller Weise entstand eine neue Folge königlich ausgestatteter Paradezimmer, die an der Englischen Treppe mit einem Gardesaal begann und bis zum Audienzzimmer im Nordflügel führte. Das Audienzzimmer AUGUSTS III. war nun unmittelbar durch eine hölzerne Brücke, die 1897 durch einen kupfergetriebenen Übergang ersetzt wurde, mit

Festlichkeiten in dem zum Ballhaus umgestalteten ehemaligen „Commoedienhauß" Kupferstich eines unbekannten Künstlers, entstanden zwischen 1780 und 1790

den königlichen Oratorien der Hofkirche verbunden. König
AUGUST III. konnte die mondäne Paradesuite bei seiner Rückkehr
aus Polen am 30. April 1763 beziehen. Gut fünf Monate später ver-
starb er in seinem Dresdner Schloß. Sein Sohn Kurfürst FRIEDRICH
CHRISTIAN (1722–1763) überlebte ihn nur um etwas mehr als zwei
Monate. Das Dresdner Schloß wurde damit wieder zu einem deutschen Kurfürstensitz, einer Residenz in einem durch Krieg völlig
verarmten Land.

Der Niedergang des Residenzbezirks

Bis zum Herbst 1768 übte Prinz XAVER die Regentschaft für den
noch unmündigen Kurfürsten FRIEDRICH AUGUST III. (1750–1827)
aus. Der Administrator ließ die begonnene Erweiterung des
Taschenbergpalais durch die Anlage eines weitgehend symmetrisch
gestalteten Ostflügels zwischen 1763 und 1767 vollenden. Das
erheblich vergrößerte Palais wurde zur Wohnung der Kurfürsten-
Witwe MARIA ANTONIA. Danach mußten die Dächer des westlichen
Nordflügels und des nördlichen Teils des Westflügels des Schlosses
wegen ihres schlechten Zustands abgebrochen werden. Dabei besei-
tigte man die dort noch vorhandenen Renaissancegiebel und ersetzte sie zwingerseitig durch flache Satteldächer, da hier zur
Platzgewinnung ein niedriges drittes Obergeschoß aufgesetzt
wurde. Diese einzig vom Gesichtspunkt der Nützlichkeit und nicht
von künstlerischen Erwägungen geleitete Baumaßnahme beein-
trächtige die Gesamterscheinung des Schlosses erheblich und wurde
typisch für die Umgehensweise mit dem Dresdner Schloß in den
nächsten 110 Jahren.

Die Schloßstraße mit dem in schlichten Architekturformen umgebauten Ostflügel und dem als Hauptzugang zur Residenz dienenden Torhaus. Lithographie, um 1830 entstanden

FRIEDRICH AUGUST III., der im September 1768 die Regierung übernahm und im folgenden Jahr MARIA AMALIA VON PFALZ-ZWEIBRÜCKEN heiratete, ließ zwar die Appartements des Kurfürstenpaares dem Zeitgeschmack entsprechend modernisieren, befaßte sich hingegen in der 39 Jahre andauernden Regierungszeit kaum mit dem Schloß. Dagegen ließ er Schloß Pillnitz durch umfangreiche Erweiterungen seit den achtziger Jahren zu seiner Sommerresidenz ausbauen, in der er den größten Teil des Jahres verbrachte. FRIEDRICH AUGUST III. begründete damit eine Tradition, der die sächsischen Herrscher bis zum Ende des 19. Jahrhunderts treu blieben. Daran änderte auch die Erhebung Sachsens zum Königreich durch Kaiser NAPOLEON I. im Jahre 1806 nichts. Der nunmehr zum König FRIEDRICH AUGUST I. aufgestiegene Kurfürst dachte nicht daran, das Dresdner Residenzschloß, das äußerlich zu altern begann, zu einem modernen Königsschloß umzuformen. Auch seine Nachfolger König ANTON (1755–1836) und der seit 1830 mitregierende König FRIEDRICH AUGUST II. (1797–1854) betätigten sich nicht als Bauherrn am Schloß.

Mit der revolutionären Verfassung vom 4. September 1831 verlor der sächsische König als konstitutioneller Monarch weitreichende Machtbefugnisse an das Parlament. Der aus zwei Kammern bestehende Landtag wurde nunmehr zum alleinigen Gesetzgeber. Der Tradition folgend wurden aber die Landtage nach wie vor im Schloß eröffnet und beschlossen. Für diese Zwecke schufen der Hofarchitekt VON WOLFRAMSDORF und der Historienmaler BENDEMANN zwischen 1838 und 1854 für die Festsäle im Nordflügel, den ehemaligen Propositionssaal, der auch als Bankettsaal bezeichnet wurde, und den Ball- und Konzertsaal, eine neue symbolträchtige Ausgestaltung im frühhistoristischen Stil. Das Residenzschloß blieb im Besitz der Krone, die nur noch über eingeschränkte Baumittel verfügte. Das Residenzschloß erfuhr 1833 bis 1834 durch den Baumeister VON WOLFRAMSDORF mit der Aufstockung des Georgenbaues im Stil des biedermeierlichen Klassizismus eine gewisse Modernisierung. Die fast zeitgleiche Umwandlung des elbseitigen Mansardegeschosses des Nordflügels in ein Vollgeschoß mit flachem Satteldach hingegen verlieh dem Kernbau der Residenz äußerlich allerdings ein fast kasernenartiges Aussehen.

Um diese Zeit wurde das ausgedehnte Residenzareal, das unter Kurfürst AUGUST als Bereich zwischen dem Schloß und der westlich vorgelegten Festung geschaffen worden war, von der Krone allmählich aufgegeben. Die nach dem Ende der napoleonischen Kriege einsetzende Entfestigung der Stadt hatte zwischen 1820 und 1830 zur Schleifung der Bastion Luna geführt, an deren „scharfer Ecke" der Zwinger lag. An ihrer Stelle wurde der Zwingerteich angelegt und gleichzeitig der Festungsgraben vor der Langgalerie mit Erde verfüllt. Im Zwingerhof entstand etwa ab 1819 eine Gartengestaltung. Wenige Jahre später wurde die Sophienstraße als öffentlicher Verkehrsweg im ehemaligen Residenzbereich angelegt, ihr fielen 1826 die Treppen des Stadtpavillons zum Opfer. Als städtebauliche Maßnahme und gleichzeitig demonstrative Ausrichtung Sachsens zum preußischen Nachbarn entstand zwischen 1830 und 1832 nach Plänen von KARL FRIEDRICH SCHINKEL die Neue Hauptwache im klassizistischen Tempelstil vor der nunmehr als Teil des Stadtbildes aufgewerteten Westfront der Residenz.

Ein Denkmal des Historismus

Zwischen dem Zwinger und dem Elbufer war seit dem Bau der Hofkirche eine Ansammlung kleinerer Häuser als unplanmäßige Bebauung entstanden. Dieser fast schon kleinstädtische Bezirk erhielt den Namen „Italienisches Dörfchen". Dort hatte zwischen 1754–1755 der italienische Impressario und Hofkomödianten PIETRO MORETTI einen Theaterbau errichtet. Nachdem im Großen Opernhaus von PÖPPELMANN am Zwinger 1769 die letzte Vorstellung stattgefunden und das Gebäude 1772 zum Redoutensaal umgebaut worden war, kam das MORETTISCHE Theater, in dem kleinere Opernaufführungen stattfinden konnten, 1780 als bescheidener Ersatz in den Besitz des Hofes. Es wurde erst 1841 abgerissen, als das seit 1838 von GOTTFRIED SEMPER erbaute königliche

Die Geschichte des Dresdner Schlosses

Hoftheater fertiggestellt war. Dieses erste Opernhaus von SEMPER lag erheblich näher am Schloß als der zweite, noch heute bestehende Theaterbau des Architekten, der zwischen 1871 und 1878 errichtet wurde. Seine Fassade befand sich etwa in der Höhe des 1883 auf dem Theaterplatz aufgestellten Reiterdenkmals für König JOHANN. Doch auch vor dem ersten Opernhaus SEMPERS wurde 1840 eine Freifläche als Theaterplatz angelegt, die das einstmals abgeschlossene Areal der Residenz zum bürgerlichen Festraum werden ließ.

Ebenso wie das Schloß erlebten auch die Zwingerbauten im 19. Jahrhundert schwere Zeiten. Bereits 1831 war der Zwinger im katastrophalen Bauzustand. Während der Mairevolution des Jahres 1849 brannte das PÖPPELMANNSCHE Opernhaus, der davor liegende Porzellanpavillon und der Stadtpavillon aus, die zugehörige Bogengalerie wurde teilweise beschädigt. 1852 bis 1863 kam es zur zweiten durchgreifenden Zwingerrestaurierung nach derjenigen von 1783 bis 1795. Es entstanden die heutigen stadtseitigen Gebäude vor dem Porzellan- und dem deutschen Pavillon als neue Museumsanbauten. Der Anstrich der Zwingergebäude mit Ölfirnisfarbe beschleunigte den Verfall der Sandsteinarchitektur und der barocke Figuren erheblich. Auch die dritte Zwingerrestaurierung der Jahre 1880 bis 1898 erwies sich unter heutigen Gesichtspunkten als völlig ungeeignet und vernichtete viel von der barocken Originalsubstanz.

Erst in den letzte Regierungsjahren König JOHANNS (1801–1873) kam es zwischen 1865 und 1868 wieder zu bedeutenderen

Baumaßnahmen am Schloß. Im zweiten Obergeschoß des Georgenbaues entstand der Kleine Ballsaal nach dem Entwurf des Hofbaumeisters KRÜGER und daran anschließend ein Audienzzimmer,
beide in einem Dekor, der sächsische Neobarock- und Neorokoko-
elemente zu einer für ihre Zeit bedeutenden Innenraumgestaltung
vereinte. Die Rückbesinnung auf die regionale Kunst der Ver-
gangenheit wurde durch die politische Entwicklung gefördert. Durch
den deutsch-französischen Krieg von 1870/71 und die daraus resul-
tierende Reichseinigung geriet das schon lange politisch fast bedeu-
tungslose Königreich Sachsen auch kulturell immer stärker in Ab-
hängigkeit Preußens. Als eine Form der Gegenreaktion setzte unter
König ALBERT (1828–1902) am Residenzschloß eine Bautätigkeit
ein, die die vaterländische Identität Sachsens stärken sollte. Zwischen
1872 und 1876 schuf der Akademieprofessor WILHELM WALTHER ein
schon bald populäres „sächsisches" Kunstwerk, den Fürstenzug an
der Wand des Langen Ganges zur Augustusstraße. Als schwarzweißes
Sgraffito zeigte es in der Nachfolge des an gleicher Stelle vorhandenen Reiterzugs der Renaissance eine Folge sächsischer Herrscher von
HEINRICH I. VON EILENBURG, dem ersten Wettiner Markgrafen von
Meißen, bis zum regierenden König ALBERT und seinem Bruder
GEORG. Als das durch die Witterung geschädigte Gemälde im Jahre
1907 durch farbige Porzellanfliesen ersetzt wurde, war das angren-
zende Residenzschloß bereits selbst zu einem Monument sächsischer
Geschichte umgestaltet worden.

*Entwurfszeichnung der
Westfassade, des Bären-
gartenflügels, des Südflügels
und des Überganges zum
Taschenbergpalais von
G. Dunger, um 1892.
Landesamt für Denkmalpflege
Sachsen, Dresden*

Die Geschichte des Dresdner Schlosses

Zeitgleich mit dem Fürstenzug wurden 1874 im zweiten Geschoß des Ostflügels die Französische Galerie und der Stucksaal in einem vom „Stil Louis XIV" beeinflußten Neobarock ausgestattet. 1881 folgte der zeittypische Spiegelsaal. 1882 wurde der Ballsaal durch den Hofbaumeister Gustav Dunger bis ins dritte Obergeschoß erhöht und mit einer neuen Decke ausgestattet, wenig später auch die Decke im Propositionssaal erneuert. Diese Baumaßnahmen standen unter dem Einfluß des höfischen Historismus jener Jahre und nahmen wenig Rücksicht auf die vorhandenen Inneneinrichtungen. Geprägt von größerem Respekt vor der historischen Struktur des Schlosses erfolgte dann aber 1883 die Restaurierung der beiden prächtigen Renaissancewendelsteine im nördlichen Großen Schloßhof, bei der der Bildhauer Ohlendieck weitgehend die Ornamente und die figürlichen Darstellungen erneuerte.

Anläßlich des im Jahre 1889 gefeierten 800jährigen Bestehens der Dynastie der Wettiner beschlossen die sächsischen Landstände auf einer besonderen Sitzung, das in den letzten zweihundert Jahren zu einem unschönen Konglomeratbau verwachsene Residenzschloß in seinen Fassaden für drei Millionen Reichstaler zu erneuern. Unter der Kontrolle einer Schloßbaukommission versetzte der Hofbaumeister Gustav Dunger, der bald schon für die künstlerische

Auf dem Platz des einstigen „Comoedienhaußes" wurde südlich des Westfassade des Schlosses der 1896 eingeweihte Wettin-Obelisk errichtet. Die Schloßfassade zum Theaterplatz und der angrenzende Bärengartenflügel erhielten durch den Hofbaumeister Dunger zwischen 1889 und 1891 ihr historistisches Aussehen.

Im Süden und Osten stand das Schloß im engen Stadtraum, begrenzt von der Gasse Am Taschenberg und der Schloßstraße. Der als Verwaltungsbau anstelle von Bürgerhäusern der Renaissance errichtete Südflügel und die neu gestaltete Ostfassade ließen das Schloß zu einer geschlossenen Anlage des Historismus werden. Ein großer, repräsentativ gestalteter Giebel betonte über dem Torgebäude Christians I. den Zugang zur Residenz des sächsischen Königs.

Ausgestaltung durch den Hofbauinspektor GUSTAV FRÖLICH Unterstützung erhielt, innerhalb von zwölf Jahren den gesamten Außenbau in einen fiktiven Idealzustand der „deutschen Renaissance". Dabei wurden die vorhandenen barocken Stilelemente an der Außenarchitektur weitgehend beseitigt.

Bereits 1888 war das zuletzt als Archiv genutzte Gebäude, das an Stelle des einstigen „Comoedienhaußes" an der südlichen Ecke des Westflügels stand, abgerissen worden. Zwischen 1889 und 1892 wurde dann die Westfassade des Schlosses von Grund auf erneuert und durch den neu geschaffenen Bärengartenflügel ergänzt.

Durch das im Jahre 1878 eröffnete zweite Opernhaus von GOTTFRIED SEMPER und die Anlage des städtebaulich großartigen Theaterplatzes war die ehemalige Rückseite des Schlosses im

Die Geschichte des Dresdner Schlosses

Westen zur Schaufassade des 19. Jahrhunderts aufgestiegen. Bei dem Entwurf zur neuen Westfassade ging DUNGER von erhaltenen Bauteilen der Entstehungszeit, wie dem mittleren und dem südlichen Zwerchhaus, aus. Der bereits vorhandene Nordwestturm wurde aufgestockt, sein Austritt mit einer barockisierenden Haube bekrönt und dies an der Südwestecke wiederholt. Der Baumeister betonte zudem die Mittelachse durch eine eher neobarocke Symmetrie im kräftigen Neorenaissancegewand und fügte an der nordwestlichen Schmalseite einen kleinen Erker an. Durch die Neuordnung der Fenster kam es zu erheblichen Eingriffen in die historischen Räume des Grünen Gewölbes und der Paradesuite. Anschließend erfolgte von 1892 bis 1893 der Bau eines neuen, Verwaltungszwecken dienenden Südflügels, dessen Hauptfassade zur Gasse Am Taschenberg lag. Es handelte sich dabei um die weitgehende Neuerrichtung eines in sich geschlossenen Baukörpers auf den unregelmäßigen Grundrissen von fünf Bürgerhäusern, die bereits zwischen 1592 und 1789 in den Besitz des Hofes gelangt waren. Die städtebaulichen Dominanten zur schmalen Gasse bildeten die beiden runden neobarocken Ecktürme, die den architektonischen Eindruck der eher schlicht gehaltenen Fassade bestimmten. Bis 1895 wurde der als scheinbare Reihung selbständiger Gebäude durchgliederte Schloßstraßenflügel fertiggestellt. Die Architekten gestalteten den zum Südflügel und zum Torbau CHRISTIANS I. gehö-

Der Große Schloßhof erhielt bis 1899 ein Aussehen, das dem seiner Entstehungszeit nahe kommen sollte, ohne den zeitgemäßen Erfordernissen des Residenzschlosses entgegenzustehen. So wurde die Loggia vor dem Hausmannsturm weiter in den Hof verschoben und vor dem zweiten Geschoß des Nordflügels ein verglaster Gang als Verbindung der dahinter gelegenen Festräume vorgelegt

renden Abschnitt als Folge von Einzelfassaden. Das Torhaus der Spätrenaissance wurde als Hauptportal des Residenzschlosses mit kraftvollen Löwenplastiken geschmückt und von einem mächtigen Giebel bekrönt. Die nach Norden anschließende neobarock veränderte Englische Treppe hingegen erhielt keine äußerliche Hervorhebung. Auch der Ostflügel des Schloßgevierts gab sich zur Straße recht schmucklos, während ihm zum Großen Schloßhof hin wieder Renaissanceelemente und Zwerchhäuser aufgesetzt wurden. 1896 begannen die Arbeiten am elbseitigen Nordflügel, bei dem vor allem eine Wiederherstellung der historischen Formen des Daches und der Fassade beabsichtigt war. Diese Arbeiten zogen sich bis 1899 hin, da im Großen Schloßhof die originale Loggia abgetragen und verbreitert neu errichtet wurde. Ein hinzugefügter verglaster Gang, der „Läufergang", sollte im zweiten Geschoß eine bequemere Verbindung zwischen den für die Hoffeste und das politische Leben Sachsens bedeutsamen Prunksälen ermöglichen. Aus gleichem Grunde erhielten die neu ausgestatteten Festsäle auch verbreiterte Mitteltüren – eine Baumaßnahme, die sowohl in die historisch wertvolle Substanz des barocken Turmzimmers wie auch in die Gemäldezyklen von Bendemann aus der Mitte des 19. Jahrhunderts eingriffen.

Nachdem 1899 die ursprüngliche Bausumme durch den Landtag noch einmal erhöht worden war, entstanden als Abschluß und Krönung des Schloßumbaues bis 1901 die Fassaden des Georgenbaues. Wie zu seiner Erbauungszeit im frühen 16. Jahrhundert wurde er gegenüber dem Kernbau des Schlosses nun wieder erhöht und mit einem kupferbedeckten, turmartigen Dachreiter als Würdezeichen ausgestattet. Außerdem wurden zur besseren Durchwegung des Torbereiches die in den zwanziger Jahren des 19. Jahrhunderts entstanden drei Durchgänge für den Fahr- und Fußgängerverkehr von der Schloßstraße zur Brücke verbreitert und das ehrwürdige Mittelportal des ersten Georgenbaues an dessen Westseite versetzt. Die Architektur des Gebäudes ist von der Bauplastik und Ornamentfülle, die Christian Behrens schuf, fast völlig überwuchert. Der Wohnbau König Alberts und seiner Gemahlin Königin Carola von Wasa steht mit seinem fülligen Stil in direkter Konkurrenz zu dem zwischen 1901 und 1903 in unmittelbarer Nähe am Schloßplatz errichteten massigen Ständehaus des sächsischen Parlaments von Paul Wallot. Die in dieser Ständeversammlung vereinte Gemeinschaft aus Adel und Bildungsbürgertum hatte sich als Initiator und eigentlicher Bauherr des Schloßumbaus eine Architektur des historischen Erinnerns gewünscht. So wurde das Residenzschloß des späten Historismus im beginnenden 20. Jahrhundert dann auch zu einem in sich abgeschlossenen Monument sächsischer Geschichte. Der Eigentümer, das bedeutungslos gewordene, altehrwürdige sächsische Königshaus, nutzte das Dresdner Schloß für weitere 17 Jahre vor allem für Audienzen, öffentliche Empfänge und Festlichkeiten. Nur zwischen Karneval und Mai diente ihnen das musealisierte Gebäude regelmäßig als Residenz, anschließend zog der Hof regelmäßig nach Pillnitz um. Am 9. November 1918 verließ König FRIEDRICH AUGUST III. (1865-1932) das Schloß, um am folgenden Tag von seinem Amt zurückzutreten und die Monarchie für beseitigt zu erklären.

Nach der Abdankung des Königs gelangte das nunmehr ehemalige Residenzschloß mit dem größten Teil seiner Inneneinrichtung in den Besitz des neubegründeten Freistaates Sachsen. Das zweite Geschoß mit den im 18. und 19. Jahrhundert ausgestatteten Fest- und Paraderäumen, insgesamt 33 Zimmer, konnte von nun an täglich von 10 bis 14 Uhr gegen Entgeld besucht werden. 1933 wurde in dieser Raumflucht anläßlich des 200. Todestages AUGUSTS DES STARKEN die viel besuchte Sonderausstellung „August der Starke und seine Zeit" durchgeführt, die erheblich zur Popularisierung des von den Historikern des 19. und frühen 20. Jahrhunderts geschmähten Kurfürst-Königs beitrug. Sein Schatzkammermuseum im Grünen Gewölbe war bereits seit seiner Fertigstellung um 1730 für standesgemäße Besucher zugänglich und wurde seit der Mitte des 19. Jahrhunderts, trotz eines hohen Eintrittspreises, zum Besuchermagnet für den sich entwickelnden Tourismus der Stadt. Andere Schloßbereiche, vor allem die im Erdgeschoß und im ersten Obergeschoß, wurden vom Freistaat zunächst für Verwaltungszwecke genutzt. Bereits 1926 entwickelte aber das Finanzministerium den Plan, die räumlich sehr beengten und dem kulturellen Wert ihrer Schätze nicht adäquat untergebrachten Museen Dresdens besser auszustatten, wobei dem Schloß eine Schlüsselstellung zukam.

Die Musealisierung des Schloßbezirks hatte bereits seit der Mitte des 19. Jahrhunderts begonnen. Nachdem die Gemäldesammlung aus dem Stallgebäude in das 1854 fertiggestellte „neue Galeriegebäude" SEMPERS an der Nordflanke des Zwingers gezogen war, stand die einstige Gemäldegalerie AUGUST III. leer. Sie wurde zwischen 1872 und 1876 zur Aufnahme des Historischen Museums und der Porzellansammlung umgebaut. Dazu erhielten die Fassaden eine Umgestaltung im historischen Stil sowie einen reichen und

Von der Residenz zum Museum

symbolträchtigen Schmuck aus Skulpturen und Reliefs, der sich auf die neue Gebäudenutzung bezog. Den Haupteingang verlegte man wieder an die Augustusstraße. Der Zugang zum Museum erfolgte damit durch den Stallhof. Nach der Beendigung der Bauarbeiten bezog das Historische Museum in das nach dem 1873 verstorbenen König JOHANN benannte Johanneum. Dieses Museum, das aus der Rüst- und der Harnischkammer, Teilen der 1831 aufgelösten Kunstkammer sowie anderen Sammlungen mit Kunstgegenständen der höfischen Repräsentation bestand, nutzte das Erdgeschoß und das erste Geschoß, während die Porzellansammlung das zweite Geschoß als neue Ausstellungsfläche erhielt. Das Münzkabinett, das 1877 in beengte Räume im Erdgeschoß des Westflügels gezogen war, wechselte 1911 in einen Teil des Kanzleigebäudes.

Der Zwinger war seit 1728 in einen Museumskomplex umgewandelt worden. Heute noch befindet sich als letztes der von AUGUST DEM STARKEN bereits dort untergebrachten Museen der Mathematisch-Physikalische Salon im Zwinger, der 1746 in den südwestlichen Pavillon zog. 1856 wechselte das Kupferstichkabinett aus dem Zwinger in das neue Galeriegebäude. 1879 wurde das „Königliche Zoologische und Anthropologisch-Ethnographische Museum", das mit Teilen seiner Sammlungen zu den ursprünglichen Nutzern des „Palais Royale des Sciences" gehörte, in den Stadtpavillon und die anschließenden Bogengalerien verlegt. Mit dem Historismus war die architektonische Qualität des Zwingers wiederentdeckt worden. Nach zwei problematischen Restaurierungsversuchen erfolgte zwischen 1924 und 1936 unter der Leitung von HUBERT ERMISCH eine durchgreifende Erneuerung des Gebäudekomplexes, wobei viele der originalen Skulpturen des Barock kopiert werden mußten. Mit der Ausbaggerung des 1812 zugeschütteten Stadtgrabens im Jahre 1929 erhielt der Zwinger zudem einen Teil seiner charakteristischen Lage zurück. Das Nymphenbad wurde rekonstruiert und die Innenfläche des Zwingers nach PÖPPELMANNS Plänen als Gartenanlage mit vier Wasserbecken gestaltet. Gleichzeitig wurde im Französischen und im Mathematisch-Physikalischen Pavillon die prächtige Innendekoration rekonstruiert und die Deckengemälde von Übertünchungen freigelegt. Seit 1939 begann man, die Porzellansammlung im bis dahin vom Zoologischen Museum genutzten Pavillon einzurichten. Die Neuordnung der weltberühmten Museen Dresdens musste im gleichen Jahr durch den Beginn des Zweiten Weltkrieges unterbrochen werden, der bald schon zur Evakuierung der Museumsbestände führte. Aus Furcht vor größeren Bomben-

*Luftaufnahme des Residenz-
bezirks und der Innenstadt
von Süden. Die Fotografie
entstand kurz vor 1927*

*Der Neumarkt mit der
Frauenkirche, die Stallhofanlage und das Residenzschloß.
Luftaufnahme von Osten aus
dem Jahre 1943*

Die Geschichte des Dresdner Schlosses

angriffen auf Dresden wurden zudem – den logistischen Möglich-
keiten der Kriegszeit entsprechend – seit 1942 historisch bedeutende
Möbel und andere Ausstattungsgegenstände aus dem Schloß entfernt und in geeignet erscheinende Außenlager gebracht.

Bei den Bombenangriffen in der Nacht des 13. und am Morgen des
14. Februar 1945 erlitten die Bauten des einstigen Residenzbezirks
schwerste Schäden. Bis auf fünf Räume des Grünen Gewölbes wurden alle historisch bedeutenden Räume durch den Feuersturm vollständig zerstört. Der Zwinger, das Schloß und die Stallhofanlage
wurden durch Spreng- und Brandbomben zusammen mit fast dem
gesamten historischen Zentrum Dresdens in eine Ruinenlandschaft
verwandelt. Im Bereich des Großen Schloßhofes und in der nördlichen Schloßstraße hatte der bis zu 100°C heiße Feuersturm so
intensiv gewütet, daß auch die Sandsteinarchitektur fast vollständig
verloren ging und das Gebäude nur noch als ausgeglühtes Geripppe
übrig blieb. Durch die Überbauung des Historismus waren in anderen Bereichen die älteren Teile der Außenwände des Schlosses ver-
hältnismäßig stabil geblieben. Erhalten blieben zudem alle Keller-
und Erdgeschoßgewölbe, von denen einige durch die Witterungseinflüsse, die auf die ungesicherte Ruine einwirkten, bis 1960 noch
einstürzten.

Die ersten Bergungs- und Sicherungsarbeiten in der Schloßruine
begannen kurz nach Kriegsende im Hochsommer 1945. Bis
Dezember 1946 konnte der Stumpf des stark geschädigten Hausmannsturms statisch gesichert und in Höhe des Trompterganges

Die Geschichte des Dresdner Schlosses

Blick auf den Westflügel im Großen Schloßhof nach 1945. Das Residenzschloß ist bis auf die Außenmauern ausgebrannt. Zum Teil sind die Fußböden der oberen Geschosse eingestürzt und die erhalten Erdgeschoßräume des Grünen Gewölbes der Witterung ungeschützt ausgesetzt.

durch ein Notdach abgeschlossen werden. Mit der zunehmenden politischen Ideologisierung des Wiederaufbaus kamen die dringend notwendigen Bauerhaltungsmaßnahmen jedoch 1949 weitgehend zum Erliegen. Bereits im Jahr zuvor war durch den Beauftragten für Wiederaufbau beim Oberbürgermeister der Stadt Dresden der Plan mitgeteilt worden, die Oper und die Gemäldegalerie Sempers sowie das Schloß abzureißen, um auf dem gewonnenen Grund einen Aufmarschplatz für Großdemonstrationen anzulegen. Zielstrebig und mit Ausdauer gingen die Denkmalpfleger, Mitglieder der Technischen Universität Dresden und kunstinteressierte Bürger diese Gefährdung an, indem sie der bedrohten höfischen Bausubstanz durch immer neue Vorschläge für eine sinnvolle Nutzung „gesellschaftliche Relevanz" verliehen. Konkret nutzte man einige Räumlichkeiten seit 1949 als Kartoffelkeller, zur Champignonzucht und als Lager für Bergungsgut. Für das Schloß wurden bis zur Rückkehr der Dresdner Sammlungen aus der Sowjetunion im Jahre 1958 die Umwandlung als Volksbildungsministerium, Kulturpalast, Landesbibliothek, Studentenwohnheim oder Hotel diskutiert, danach setzte sich bis 1962 – trotz einiger Widerstände aus dem Ministerium für Kultur – der Vorschlag einer Gesamtnutzung des Schlosses als „Museumskombinat" der Staatlichen Kunstsammlungen Dresden durch. Am 1. Juni 1962 kam es zur ersten Beratung des Rates der Stadt als Eigentümer mit den Staatlichen Kunstsammlungen Dresden als Nutzer, der Denkmalpflege und der Zwingerbauhütte über die Vorbereitungen eines Wiederaufbaus. An eine Realisierung dieses ehrgeizigen Planes war allerdings auf-

grund des chronischen Geldmangels nicht zu denken. Die Arbeiten
am Schloß beschränkten sich zunächst auf die Bergung der durch
Witterungseinflüsse und Diebstähle erheblich dezimierten barocken Innenarchitektur des Grünen Gewölbes und auf die Her-
richtung einzelner Baubereiche zur Nutzung als Bürofläche. Auf
diese Weise konnte der durch eine rigide Verkehrsplanung
besonders gefährdete Georgenbau, in den 1967 die Aufbauleitung
des Kulturpalastes einzog, gerettet werden. Seine Fassade zum
Schloßplatz wurde mit ihrer ganzen Ausstattungspracht, die zur
Schloßstraße mit reduziertem Bauschmuck wiedererrichtet.
Der stark zerstörte Zwinger war zwischen 1945 und 1965 rekonstruiert worden. Bereits 1952 konnte der Mathematisch-Physi-

Die Geschichte des Dresdner Schlosses

Der große Schloßhof im Jahre
1994. Der äußere Wiederaufbau ist im schnellen Gange.
Die Schienen für den Baukran
führen durch den „technologischen Durchbruch" im
Ostflügel bis zum Westflügel
des Schlosses.

kalische Salon wieder seine Ausstellungsräume beziehen. Im gleichen Jahr kam, wie schon 1939 vorgesehen, die Porzellansammlung
mit ihren noch in Dresden vorhandenen Sammlungsbeständen in
den Zwinger. 1956 eröffnete im Johanneum das vier Jahre zuvor
begründete Verkehrsmuseum als zentrales Verkehrsmuseum der
DDR. Der Lange Gang, dessen Gewölbe und fünf Säulen 1946
zusammengebrochen waren, erhielt 1957 ein neues Dach. Zwischen
1972 und 1979 wurde die einstige Renaissancegalerie sowohl zur
Augustusstraße hin mit dem Fürstenzug als auch zum Stallhof hin
weitgehend originalgetreu wieder aufgebaut.
Am 13. Februar 1985 wurde das einstige königliche Opernhaus als
„Semperoper" wiedereröffnet. Während der dazu veranstalteten

Am 2. Oktober 1991 wird die
Spitze des Hausmannsturmes
aufgesetzt, gleichzeitig das
Richtfest am Dresdner Schloß
gefeiert.

Großkundgebung verkündete ERICH HONECKER, das Schloß werde in den kommenden fünf Jahren in seinem Äußeren wieder errichtet. Bauarbeiten am Westflügel hatten bereits im Dezember 1984 begonnen. Bis zur friedlichen Revolution von 1989 war der Westflügel im Rohbau gesichert, dessen Ecktürme durch Turmhauben geschlossen und der Dachstuhl weitgehend fertiggestellt. Die Euphorie der Wiedervereinigung Deutschlands führte nach 1990 am Dresdner Residenzschloß für einige Jahre zu einem hektischen Baugeschehen, das sich auf jahrzehntelange Vorarbeiten gründete. Grundlegend für den künftigen Wiederaufbau wurde die denkmalpflegerische Zielstellung des Instituts für Denkmalpflege vom 11. November 1983, in der es heißt: *„Aufgabe des Wiederaufbaues ist es, die für die jeweiligen Zeiten typischen Grundrißstrukturen, Fassadengestaltungen und Innenräume als Widerspiegelung politischen Anspruchs und sich daraus ergebender Funktion, als Zeugnisse besonderer geschichtlicher und künstlerischer Ereignisse, als hervorragende Leistungen Bildender und Angewandter Kunst zu erhalten bzw. wiederzugewinnen."*

Am 2. Oktober 1991 wurde die Spitze des Hausmannsturmes wieder aufgesetzt und gleichzeitig in einer emotionalen Zeremonie das Richtfest des Schlosses gefeiert. In den folgenden zehn Jahren konnten bis auf den Ostflügel alle Teile des einstigen Residenzschloßes in ihrem Äußeren wiederhergestellt werden. Der Georgenbau wurde zwischen 1994 und 1995 als provisorischer Museumsbereich den Staatlichen Kunstsammlungen Dresden übergeben und der Hausmannsturm erstmalig für die Öffentlichkeit zugänglich gemacht. Im Fest- und Paradegeschoß des Schlosses fanden seitdem mehrere international beachtete Sonderausstellungen statt, so 1997/98 die Ausstellung „Unter einer Krone. Kunst und Kultur der sächsisch-polnischen Union" anläßlich des 300sten Jahrestags der Krönung Augusts des Starken zum König von Polen-Litauen. Weitere Ausstellungen waren Künstlern gewidmet (ANTON RAPHAEL MENGS, JÖRG BASELITZ, GOTTHARD GRAUPNER), stellten eine international bedeutende Privatsammlung vor (Sammlung Pietsch) oder präsentierten mit der Künstlergemeinschaft „Die Brücke" den bedeutendsten Beitrag Dresdens zur modernen Kunst. Auch privaten Bällen und staatlichen Festveranstaltung boten die Räumlichkeiten Platz.

In einem Gutachterverfahren zum Thema „Museumskonzeption Dresden. Wiederaufbau Dresdner Schloß" wurde von 1995 bis 1996 die Nachkriegsdiskussion zur Einrichtung von Museen im Dresdner Schloß von namhaften Architekten, Denkmalpflegern und

Kunsthistorikern noch einmal ausführlich diskutiert. Am 16. Dezember 1997 beschloß dann das Kabinett des Freistaates Sachsen nach Prüfung anderer Nutzungsvarianten, das Schloß langfristig als Zentrum der Staatlichen Kunstsammlungen Dresden einzurichten und dort neben dem Grünen Gewölbe die Rüstkammer, das Kupferstich-Kabinett und das Münzkabinett mit ihren Ausstellungsräumen und Verwaltungsbereichen sowie die Generaldirektion, die Verwaltungsdirektion und die Kunstbibliothek unterzubringen.

Ende 2002 wird das Münzkabinett den Georgenbau beziehen, 2003 folgen die anderen für das Schloß vorgesehenen Museumsverwaltungen und die Bestände des Kupferstich-Kabinetts. Mit dem Einzug der Sammlungen des Grünen Gewölbes in zwei Phasen zwischen 2004 und 2005 in das Erdgeschoß und das erste Geschoß des Westflügels wird das Schloß unmittelbar in den Mittelpunkt touristischen Geschehens in Dresden rücken. Der Abschluß der 1926 bzw. 1961 beschlossenen vollständigen Nutzung des Schlosses als Museumszentrum ist zur Zeit noch nicht absehbar.

Das Schloß

Georgenbau -
Außenarchitektur

Der 1901 vollendete Georgenbau bildete den prunkvollen Abschluß der zwölf Jahre zuvor von den Architekten DUNGER und FRÖLICH begonnenen Schloßerneuerung des Historismus. Der dreigeschossige Torbau mit seiner breiten Durchfahrt geht auf einen der ältesten Teile der Residenz zurück. Zwischen 1530 und 1535 hatte Herzog GEORG das mittelalterliche Brückentor am Elbufer für die Hofhaltung seiner Söhne JOHANN und FRIEDRICH vollständig umbauen und mit der bestehenden Burg verbinden lassen. Das steil emporragende, schmuckreiche Gebäude war eines der frühesten Schloßbauten der Renaissance in Deutschland.

1701 brach im Dachgeschoß des Georgenbaues ein Brand aus, dem die Hälfte der Schloßanlage zum Opfer fiel. 1718/19 ließ AUGUST DER STARKE den Georgenbau in barockisierter Form mit Mansardedach wiederaufbauen und in dessen erstem Geschoß seine Privatgemächer einrichten. In den folgenden zwei Jahrhunderten blieb dieser direkt der Brücke zugewandte Schloßbereich der private Wohnsitz der Herrscher Sachsens. Er erfuhr in dieser Zeit mehrere bauliche Veränderungen.

Bei der Planung zum heute bestehenden Georgenbau spielte die Erinnerung an den architekturgeschichtlich bedeutenden Vorgänger der Frührenaissance eine wichtige Rolle. Das Gebäude erhielt daher im Historismus wieder seinen ursprünglichen Torturmcharakter, einen Erker in der Mittelachse, einen hohen Staffelgiebel mit Volutenschmuck und einen Dachreiter. Hinzu kamen eine Fülle frei variierter Architekturzitate aus der mitteldeutschen Renaissance.

Der Georgenbau und die historistische Überbauung des Jagdtors vom westlichen Ende der Augustusstraße

Ebenso wie im frühen 16. Jahrhunderts spielte auch im Historismus der reiche, plastisch hervortretende Bauschmuck eine wesentliche Rolle. Das aufgelegte Ornament, das die Hauptfassade zum Schloßplatz überzieht, ist dabei aber schon mit dekorativen Jugendstilelementen durchsetzt. Der Bildhauer CHRISTIAN BEHRENS schuf unter anderem die monumentalen Kriegerfiguren, die den zweigeschossigen Mittelerker tragen, und das vier Meter hohe Reiterdenkmal des Herzogs GEORG im Zentrum des Giebelfeldes. Das nach Osten anschließenden Jagdtor wurde durch einen abgetreppten Aufbau geschickt dem Georgenbau angegliedert. Hier befindet sich ein Jugendstiltreppenhaus, das zum königlichen Wohnbereich führte. Der im Zweiten Weltkrieg schwer beschädigte Georgenbau wurde zwischen 1963 und 1966 wiederhergestellt.

Der Georgenbau der Frührenaissance wurde auf einem verzogenen rechteckigen Grundriß errichtet. Aus dieser Bauphase haben sich im Mauerwerk des heutigen Gebäudes noch Fragmente erhalten, beispielsweise ein Portal im zweiten Obergeschoß. Bis ins 17. Jahrhundert diente der Georgenbau vor allem als Wohnsitz des Kurprinzen. JOHANN GEORG IV. war der erste Kurfürst, der ihn zwischen 1692 und 1694 zu seinem privaten Wohnbereich bestimmte. Sein Bruder AUGUST DER STARKE bewohnte seit 1719 das ersten Geschoß des Georgenbaues. Seitdem blieb dieser Teil des Schlosses traditionell der Wohnsitz der Kurfürsten und Könige Sachsens, wobei die Herrscher das erste Geschoß bewohnten und ihren Gemahlinnen das zweite vorbehalten war.

Erhalten hat sich im ersten und zweiten Obergeschoß nur noch die Raumaufteilung, wie sie unter dem letzten sächsischen König FRIEDRICH AUGUST III. bestand. Sie war vom Umbau des Georgenbaues zwischen 1899 und 1901 geprägt. In der königlichen Privatwohnung des Historismus waren einzig der zwischen 1866 und 1868 im zweiten Obergeschoß eingerichtete Kleine Ballsaal, von dem einige Ausstattungsreste erhalten blieben, und das daran anschließende Audienzzimmer der Königin von kunsthistorischer Bedeutung.

*Der reiche Fassadenschmuck
des Bildhauers Ch. Behrens
verbindet bereits ornamentale
Elemente des Historismus mit
denen des Jugendstils.*

Erhebliche Reste des reichen skulpturalen Schmuckes, den der erste Georgenbau der Frührenaissance besaß, haben sich erhalten. Ein großer Teil der baugebundenen Reliefs befand sich bis zur Errichtung der historistischen Fassade noch an Ort und Stelle, andere Bestandteile der einstigen Bauplastik wurden 1985 sekundär vermauert im Ostflügel aufgefunden. Besonderen Respekt brachten die nachfolgenden Generationen dem einstigen Nordportal entgegen. Es wechselte erst 1899 vom ursprünglichen Standort an den westlichen Zugang zum Tor, der Hofkirche gegenüber gelegen. Die Nord- oder Mitternachtsseite des Georgenbaues war dem Thema der auf der Ursünde beruhenden Vergänglichkeit des Menschen und seines Schaffens gewidmet. Die Folgen des Sündenfalls stellt das großartige Nordportal dar. Das 1534 wohl von dem Dresdner

Das an die Westseite der Elbfassade versetzte Nordportal des ersten Georgenbaus. Fotografie vor 1945

Mittelrelief aus dem um 1534 von Ch. Walther I geschaffenen Nordportal des Georgentores

Bildhauer CHRISTOPH WALTHER I geschaffene Rundbogenportal, das zwei Kandelabersäulen flankieren, wurde von oberitalienischen Vorbildern beeinflußt. Feines Renaissanceornament mit antikisierenden Formen überzieht fast alle Flächen. In den Zwickeln trauern Adam mit einer Hacke und Eva mit einem Spinnrocken, die nach dem Sündenfall zur selbsterhaltenden Arbeit gezwungen sind, um das verloren gegangene Paradies. Eine Inschrift im Sims benennt das beherrschende Thema der Schauseite: *„Per Invidiam Diaboli Mors Intravit In Orbem"* liest man dort: *„Durch den Neid des Teufels ist der Tod in die Welt gekommen"*. Den Schlußstein des Bogenrundes bildet folgerichtig eine kleine Scheibe mit Totenkopf.

96

Von der aufragenden Bekrönung des Portals ist nur noch das Mittelrelief mit der Darstellung des Brudermordes von Kain an Abel vorhanden, das an andere Stelle versetzt wurde. Vom Bauschmuck der beiden horizontalen Hauptzonen der Nordfassade sind erhebliche Teile überkommen. Drei der ursprünglich elf großformatigen Wappen des sächsischen Wappenfrieses über dem ersten Geschoß befinden sich heute in der Schloßausstellung, ebenso das große Bildnismedaillon Herzog GEORGS aus der Erkerbrüstung oberhalb des zweiten Geschosses. Es gehörte in den Bereich des Totentanzes, der mit 1,22 m Höhe und 12,47 m Länge über die gesamte Fassadenbreite reichte. Das Sandsteinrelief befindet sich heute im Inneren der Dreikönigskirche.

War die Nordseite des ursprünglichen Georgenbaues der Darstellung der Vergänglichkeit allen des Menschen und seiner Werke, so widmete sich die nach Süden gewandte „Sonnenseite"des Georgenbaues dem Neuen Leben. Dieses geht von Gottvater aus und wird durch die Vermittlung der Jungfrau Maria als neuer Eva und durch das Erlösungswerk des Gottessohns den Menschen geschenkt. Im Zeitalter der Reformation bekannten sich Herzog GEORG und seine Söhne mit diesem dezidiert religiösen Bildprogramm öffentlich zur katholischen Lehre. Gleichzeitig legte der Bauherr damit Zeugnis von der persönlich empfundenen Verantwortung des Fürsten ab, kämpferisch für den rechten Glauben einzutreten.

Nur wenige Überreste sind noch von dem sehr reichen Bauschmuck der schmaleren, zur heutigen Schloßstraße gewandten Stadtseite des Georgenbaues erhalten. Dazu gehört die Einrahmung des westlichen Nebenportals, das sich heute an der Innenwand im Durchgang des Jagdtors befindet. Die Portalumrahmung, die bemerkenswertes Renaissanceornament überzieht, wird in ihren Zwickelfeldern von den Bildnismedaillons Herzog GEORGS und seines Sohnes JOHANNES geschmückt. Weitere Bauspolien der einstigen Südfassade dienten nach 1718 als Füllmaterial und wurden nach 1985 in den Mauern des Ostflügels wiedergefunden. Sie weisen heute noch deutliche Spuren der ursprünglichen farblichen Fassung auf, die einst den Georgenbau schmückte. Neben vier ornamentalen Bestandteilen der Architekturplastik handelt es sich dabei um ein Fragment des um 1535 entstandenen Madonnenreliefs. Nach dem Tode Herzog GEORGS im Jahre 1539 führte sein Bruder und Nachfolger HEINRICH DER FROMME unverzüglich und konsequent das lutherische Glaubensbekenntnis in den Besitzungen der albertinischen Linie der Wettiner ein.

Georgenbau –Südfassade der Frührenaissance

Fragment des von Christoph Walther I um 1535 geschaffenen Madonnenreliefs von der Südfassade des Georgenbaus. Der Sandstein zeigt noch Reste der einstigen Farbfassung.

**Georgenbau
–Schloßausstellung**

1994 wurde eine Ausstellung zur Schloßgeschichte im ersten Obergeschoß des Georgenbaues, in den einstigen Wohnräumen der sächsischen Könige, eröffnet. In sechs Räumen wird die Geschichte des Schlosses und seiner Bewohner durch zum Teil ausgesprochen kostbare Kunstwerke, erläuternde Gemälde und Baumodelle sichtbar gemacht. Die Ausstellungsbereiche dokumentieren die Entwicklung des Schlosses vom Mittelalter bis zur Frührenaissance, die prägende Epoche der Kurfürsten MORITZ und AUGUST, zeigen Teile der kursächsischen Kunstkammer, der Paradesuite AUGUSTS DES STARKEN und des Grünen Gewölbes. Ein weiterer Raum ist der Geschichte des Schlosses im 19. und 20. Jahrhundert gewidmet, dem historistischen Umbau, der Zerstörung und dem Wiederaufbau. Die ausgestellten Gegenstände stammen aus dem Landesamt für Denkmalpflege, dem Staatshochbauamt, der Rüstkammer, dem Münzkabinett, der Gemäldegalerie Alte Meister, dem Kunstgewerbemuseum und vor allem dem Grünen Gewölbe. Der Dauerausstellungsbereich wird zugleich von der Direktion des Grünen Gewölbes immer wieder für Sonderausstellungen der bisher deponierten beziehungsweise gerade restaurierten Bestände genutzt. Der Blick aus den Fenstern der Schloßausstellung auf die verschiedenen Teile des Schlosses und auf seine städtische Umgebung verstärkt dabei den sinnlichen Eindruck der ausgestellten historischen Zeugnisse zur Schloßgeschichte in nahezu idealer Weise.

Das wohl von Ch. Walther I um 1534 geschaffene Sandsteinmedaillon mit dem Bildnis Herzog Georgs von der Nordfassade des Georgenbaus

Der zwischen 1718 und 1719 wohl von J. B. Thomae für die Paradezimmer gefertigte Audienzsessel Augusts des Starken

Fragment mit Darstellung römischer Krieger von der um 1550 errichteten, mehrgeschossigen Loggia der Nordfassade des Großen Schloßhofes

*Rekonstruktion des
Wandpfeilers der Westwand
des mit hinter Glas bemalten
Spiegeln geschmückten
Juwelenzimmers des Grünen
Gewölbes*

**Hausmannsturm
– Architektur**

Der Hausmannsturm erhielt seinen Namen von den hier tätigen „Hausmännern", den Türmern. Er ist der älteste heute noch sichtbare Teil der Schloßanlage und birgt in seinen unteren Geschossen die Mauern des mächtigen, kurz vor 1400 entstandenen Wachturms der markgräflichen Burg. Bis zur Mitte des 16. Jahrhunderts sicherte der Turm den westlichen Eckpunkt der Burganlage. Während der Erweiterung der Burg zum kurfürstlichen Schloß unter MORITZ rückte der Hausmannsturm als herrschaftliches Würdezeichen in die Mitte der neuen Nordfassade. Seine heutige Gestalt verdankt er Kurfürst JOHANN GEORG II., der den zentralen Schloßturm zwischen Juli 1674 und November 1676 durch seinen Baumeister WOLF CASPAR VON KLENGEL mit Pirnaer Sandstein erheblich erhöhen und sein Äußeres barockisieren ließ. Damals wurden 35 m des Turmaufbaues neu errichtet. Der Hausmannsturm wuchs damit von einer Höhe von 88 m auf ca. 97 m. KLENGEL setzte dem Haus-

Der Nordflügel im Großen Schloßhof mit dem Hausmannsturm

100

mannsturm oberhalb des von massige Konsolen getragenen, etwas auskragenden Austritts einen achteckigen Aufbau auf. Die Wände des barocken Turmbereichs sind durch Blendbögen mit kräftigen, plastisch verzierten Schlußsteinen gegliedert. Darüber erheben sich, mit Kupfer bedeckt, die geschweifte (welsche) Haube, eine offene Laterne und eine lange Spitze. Nachdem der Hausmannsturm während des 18. Jahrhunderts achtmal vom Blitz getroffen worden war, erhielt er 1778 die ersten Blitzschutzanlage Dresdens. Damit war eine letztmalige Erhöhung des Turmes auf 100,7 m verbunden.

Der Hausmannsturm brannte 1945 vollständig aus und war danach akut einsturzgefährdet. 1946 bis 1947 konnte er durch MAX GAUL und WALTER HENN gegen den Willen der neuen Machthaber gesichert werden. Nach einer gründlichen Bausanierung erhielt der Hausmannsturm am 2.Oktober 1991 wieder seine Spitze und damit das Schloß sein das Stadtbild prägende, weithin sichtbare Herrschaftssymbol zurück.

Blick von der Bekrönung des Georgenbaus auf den Hausmannsturm und den angrenzenden nordöstlichen Schloßflügel

Hausmannsturm – Ausblicke

In 68 m Höhe befindet sich der schon am mittelalterlichen Turm vorhandene Austritt, der auch als Trompetergang bezeichnet wird. Seit 1994 ist er als eine der schönsten Aussichtsplattformen Dresdens öffentlich zugänglich. Der Blick vom höchsten der alten Türme Dresdens auf die im Wiederaufbau befindliche Schloßanlage, die Dresdner Altstadt und das Elbtal ist einzigartig. Bei klarem Wetter reicht die Sicht bis zum Meissner Burgberg und weit hinein in die Sächsische Schweiz.

Blick vom Hausmannsturm in nordöstliche Richtung auf den Georgenbau und in das Elbtal

Blick vom Hausmannsturm auf den Mittelgiebel des Westflügels. Dahinter links der westliche Bereich des Taschenbergpalais und rechts die östlichen Teile des Zwingers mit dem Stadtpavillon

Grünes Tor   Das Grüne Tor war seit der Durchbrechung des Erdgeschosses des Hausmannsturmes in den Jahren 1692 bis 1693 der Hauptzugang von der Elbseite zum Großen Schloßhof. Sein Name geht auf einen schmalen, bereits seit der Mitte des 16. Jahrhunderts vorhandenen Durchgang durch den Nordflügel zurück, der etwas weiter westlich gelegen war.

Das breite, zur Durchfahrt von Kutschen geeignete Tor besteht aus einem kräftigen Bogen, den ein gewaltiges, von Rankenwerk umrahmtes Kurwappen als Schlußstein bekrönt. Das klassische Triglyphengebälk wird von dem Wappen durchschnitten, so daß der große Kurhut über dem Gesims bis in die Attikazone empor-ragt. Das Tor umrahmen gequaderte Halbsäulen toskanischer Ordnung sowie jeweils halbe und ganze Pilaster. Zwischen diesen sind oberhalb und unterhalb des Kämpfergesimses kräftig model-lierte Trophäen angebracht, die unter anderem aus Schild, Lanzen, Schwertern, Becken, Gewehren und Rüstungsteilen bestehen. Darüber befinden sich im Gebälkbereich jeweils Helme. Die Türflügel waren mit Eisen beschlagen und trugen zwei Löwenköpfe aus Bronze mit Schlagringen. Das Prunktor besitzt im Obergeschoß eine Attika, die zwei mächtigen Trophäenbündeln als Sockel dient. Die in ihnen dargestellten Beutewaffen und Heereszeichen geben dem Grünen Tor den Charakter eines Triumphbogens. Diese Trophäenzeichen bestehen aus einem reich verzierter Panzer, den ein befederter Helm bekrönt, aus angelehnten Schilden, Fahnen, Adler und Halbmond. Das Tor feiert auf diese Weise die Teilnahme des 1691 verstorbenen Kurfürsten JOHANN GEORG III. am Sieg über die Türken in der Schlacht am Kahlenberg bei Wien. Das zwischen den Trophäenzeichen befindliche Fenster wird durch Gehänge und

104

einen Segmentgiebel verziert. Diesem ist das sächsische Wappen aufgelegt, das zwei behelmte Putti flankieren. Sie halten ein Spruchband mit der Inschrift "SUM : AUS : SER : ELECT : I OH : GEORG : IV." JOHANN GEORG IV. ließ folglich das triumphale Prunktor des Dresdner Schlosses in Angedenken an seinen Vater, den „sächsischen Mars", errichten. Der Entwurf geht wohl auf den 1691 verstorbenen Oberlandbaumeister von KLENGEL zurück und wurde von seinem Amtsnachfolger JOHANN GEORG STARCKE ausgeführt. Die Bildhauerarbeiten stammen von MARKUS CONRAD DIETZE. Mit der Errichtung der Hofkirche fast unmittelbar vor der Elbfront des Schlosses wurde das Grüne Tor in seiner ursprünglichen Funktion als festlicher Hauptzugang wesentlich beeinträchtigt.

Das Grüne Tor im Jahre 2001 vor der Restaurierung

**Nordflügel
– Außenarchitektur**

Die Außenarchitektur des elbseitigen Flügels wurde zwischen 1991 und 1993 nach den Vorgaben des historistischen Schloßumbaues wiedererrichtet. Zwischen 1896 und 1899 hatten DUNGER und FRÖLICH sie als schlichte, dreigeschossige Putzarchitektur angelegt und das ursprüngliche Erdgeschoß mit einer Rustika aus Sandstein verkleidet. Die Dachzone erhielt damals wieder zwei Zwerchhäuser mit Volutengiebeln in Formen der Neorenaissance. Der Übergang vom Schloß zur Hofkirche wurde als dekoratives Architekturmotiv gestaltet, das die Erscheinung des Nordflügels nachhaltig prägt. Nach einem Gipsmodell von KURT ROCH wurden die der Unterkonstruktion aufgelegten Kupferplatten der Brücke durch den Dresdner Klempnermeister BEEG ausgeführt. Der Übergang unternimmt mit seiner neobarocken Formensprache einen gelungenen Ausgleich zwischen der als dominant empfundenen spätbarocken Architektur der Hofkirche und der schlichten Fassade des Renaissanceschlosses.

Die rekonstruierte Nordfassade vermittelt eine bauliche Einheitlichkeit, der die Geschichte des Schlosses nicht entspricht. Der Bereich zwischen dem Georgenbau und dem Hausmannsturm war einst das „Alte Haus", das kurz vor 1400 als zweigeschossiger Palast des Markgrafen WILHELM I. entstand und im letzten Drittel des 15. Jahrhunderts gründlich überarbeitet wurde. Aus dieser spätgotischen Phase haben sich die Keller- und Erdgeschoßeinteilung sowie dekorative Bauteile, beispielsweise ein Portal im ersten Obergeschoß, erhalten. Die noch nicht rekonstruierte Wand des Nordflügels zum Großen Schloßhof läßt zudem noch die Umbauten am „Alten Haus" in der Renaissance erkennen.

Der westlich an den Hausmannsturm anschließende Bereich des Nordflügels, das „Neue Haus", entstand unter Kurfürst MORITZ zwischen 1549 und 1553. Diese Erweiterung nahm in seinem Erdgeschoß und dem ersten Obergeschoß die Schloßkapelle auf. Der für die Kirchen- und Musikgeschichte Europas bedeutende lutherische Sakralraum wurde 1737 aufgelöst und durch kleinteiligere Einbauten ersetzt. 1988 bis 1989 wurde das ursprüngliche Raumvolumen der Kapelle wiederhergestellt. Im zweiten Geschoß oberhalb der Kapelle befand sich von jeher ein Festsaal, der zunächst als Steinerner Saal, später als Propositionssaal und zuletzt als Bankettsaal bezeichnet wurde.

Elbseitige Fassade des Nordflügels mit dem im Jahre 2000 wiederhergestellten historistischen Übergang vom Schloß zur ehemaligen Hofkirche und heutigen Kathedrale

Detailansicht der Fassade des Nordflügels zum Großen Schloßhof. Im Zustand des Jahres 2001 sind die von der Renaissance bis zum 19. Jahrhundert veränderten Geschoßhöhen erkennbar.

*Ursprünglicher Zustand des
1882 nach Plänen von
G. Dunger und G. Frölich
umgebauten Großen Ballsaals
im nordöstlichen Teil des
Nordflügels mit der bis 1845
geschaffenen Ausmalung von
E. Bendemann*

Nordflügel
– Repräsentationsräume

*In einer Fensternische des
Großen Ballsaals erhaltene
Fragmente der ursprünglichen
Stuckatur*

Anläßlich der Hochzeit seines Sohnes FRIEDRICH AUGUST mit der Erzherzogin MARIA JOSEPHA VON ÖSTERREICH im Jahre 1719 ließ AUGUST DER STARKE das zweite Obergeschoß des Schlosses zu einer beeindruckenden Folge von Fest- und Audienzräumen ausbauen. Damals entstand im östlichen Teil des Nordflügels durch Zusammenfassung verschiedener Räume und Säle das 314 qm große Riesengemach. Daran schloß sich der ca. 100 qm große quadratische Raum unter dem Hausmannsturm an, der zunächst als Präsentationsort des kursächsischen Silberschatzes, spätestens seit 1732 aber beständig als Porzellankabinett genutzt wurde. Im westlichen Teil des Nordflügels wurde der 312 qm große Steinerne Saal spätbarock ausgestattet. Seiner Funktion als Versammlungsort der Landstände bei der Eröffnung und beim Abschluß von Landtagen folgend, erhielt dieser Saal 1722 den Namen Propositionssaal. Die Festsäle im Nordflügel behielten auch in den folgenden zwei Jahrhunderten ihre Funktion als Ort staatlicher Repräsentation bei. Als sie nach der Abdankung des Königs 1918 auch juristisch in das Eigentum des neuentstandenen Freistaates übergingen, wiesen die beiden großen Säle eine Ausstattung auf, die dem Staatsverständnis des 1831 entstandenen Verfassungsstaates Sachsen entsprach. Zwischen 1837 und 1854 waren sie als Ball- und Ständesaal des sich hier versammelnden gesetzgebenden Landtags neu ausgestattet worden. Der Düsseldorfer Historienmaler EDUARD BENDEMANN hatte sie mit symbolhaften Wandgemälden geschmückt, in denen er die politische Funktion der Säle durch Bezüge auf die sächsische

und die antike Geschichte sowie durch Darstellungen historischer Persönlichkeiten und Allegorien auszudrücken suchte. Die anspruchsvolle Innenarchitektur OTTO VON WOLFRAMSDORFFS gab der Malerei, die die Räume dominierte, eine prachtvolle Fassung. Das Turmzimmer, das noch eine kostbare, farbig gefaßte Stuckdecke der Renaissance besaß, verblieb trotz weitergehender Planungen bis 1945 als rotlackiertes Kabinett des Spätbarock bestehen. Ebenso wie die historistischen Prunksäle wurde das Turmzimmer nahezu vollständig zerstört. Erhalten haben sich kleinere Reste der Stuckdecke, Teile der Stuckdekoration in den Fensterbereichen des Ballsaals und dessen Fenstergitter aus der Zeit der Umgestaltung von DUNGER und FRÖLICH.

Westflügel – Außenarchitektur

Bis zum frühen 19. Jahrhundert hatte die Außenfassade des Westflügels nur eine geringe städtebauliche Bedeutung. Ihr vorgelagert war der zur Stadt hin durch eine Mauer abgeschlossene Zwingerbereich, der von den sächsischen Herrschern als beständig veränderter Ort höfischer Lustbarkeiten und Feste genutzt wurde. Zwischen 1820 und 1830 nahmen die Dresdner Bürger allmählich von diesem Teil der Residenz besitzt. Mit dem ersten Opernhaus GOTTFRIED SEMPERS (1838–1841), seiner Gemäldegalerie (1847–1855) und dem zweiten, heute noch bestehenden Opernhaus SEMPERS (1871–1878) sowie dem Theaterplatz, rückte die Westfassade des Schlosses in das Zentrum des Dresdner Kulturlebens. Folgerichtig begann daher die historistische Umgestaltung des Schlosses zwischen 1889 und 1891 mit der Erneuerung dieser über die Jahrhunderte vernachlässigten Außenfassade. Bei der Neugestaltung nahm GUSTAV DUNGER Rücksicht auf erhaltene historische Architekturteile, wie die seit 1727 nicht mehr genutzte Außentreppe zum Grünen Gewölbe oder den Mittelgiebel aus der Zeit des Kurfürsten MORITZ. Der Hofarchitekt verkleidete das Untergeschoß und die Ecktürme dekorativ mit Sandsteinquadern, die mit der Putzfassade kontrastieren. Die beiden Ecktürme, von denen der nördliche erheblich verändert und der südliche neu hinzugefügt wurde, verliehen dem Westflügel nun Würde und Halt. Die Fassadenmitte betonte DUNGER mit einem Balkon, der keine funktionelle Bedeutung besaß und sich auch nicht auf die dahinter-

Der Westflügel des Schlosses vom Dach des Zwingers

Westflügel

liegende Raumstruktur bezog. Die den Balkon stützenden Atlanten des Bildhauers ADOLF RENTSCH variierten in provinzieller Weise die Hermen des Wallpavillons. Dagegen wurden die Fenstergitter von AUGUST KÜHNSCHERF und Söhne in handwerklicher Perfektion ausgeführt. So entstand eine Fassade, die zwar mit dem Satteldach, den drei Zwerchhäusern mit Volutengiebel und der Bauornamentik Züge der Neorenaissance aufwies, durch die weitgehend eingehaltene Symmetrie und die Plastizität des Bauschmucks aber auch dem Neobarock verpflichtet war. Die 1945 im Verhältnis zum übrigen Schloß weniger stark zerstörte Fassade gegenüber der Semperoper war erneut der erste Bereich, der nach dem Krieg wieder aufgebaut wurde. Zwischen 1987 und 1990 entstand sie getreu ihrer historistischen Vorgängerin.

Die Fassadenmitte des Westflügels mit Erdgeschoß und erstem Obergeschoß. Davor die Skulptur „Trauernder Mann" von W. Förster

**Westflügel
–Audienzräume**

Der Westflügel war für Kurfürst MORITZ nach 1549 als Wohn- und Repräsentationsbereich des Schlosses erbaut worden. Er behielt diese Funktion bis ins frühe 18. Jahrhundert bei. Bauteile wie die Türumrahmungen zu einer inneren Wendeltreppe, die über alle Etagen die Kunstkammer im Dachgeschoß mit der „geheimen Verwahrung im Grünen Gewölbe" im Erdgeschoß verband, oder das Stuckfragment einer frühbarocken Raumausstattung im ersten Geschoß verweisen noch auf seine ursprüngliche Nutzung. Unter AUGUST DEM STARKEN wurde das zweite Geschoß für das königliche Zeremoniell zu Audienzräumen umgestaltet. Vom quergelagerten Eckparade- oder Ecktafelgemach gingen zwei Paradestrecken aus. Diejenige der Zwingerseite durchlief das Erste und Zweite Vorzimmer und endete bei dem auf einem Podest unterhalb eines Baldachins stehenden Audienzstuhl im Audienzgemach. Die hofseitige Paradestrecke durchquerte die Erste und Zweite Retirade und führte zum Paradebett im Paradeschlafzimmer. Der spätbarocke Ausstattungsluxus dieser für das absolutistische Staatsverständnis des Kurfürst-Königs zentralen Räume war enorm. Als innenarchitektonische Denkmäler hatten sich bis 1945 allerdings nur das Audienzgemach und das Paradeschlafzimmer ohne wesentliche Veränderungen erhalten. Die Retiraden waren als Wettinmuseum umgebaut worden, die Vorzimmer wurden zu Kaffeesalons modernisiert und das Ecktafelgemach diente nach mehrfachen Veränderungen als Thronsaal der sächsischen Könige. Die Bombardierung Dresdens hat diese geschichtsträchtigen Räume von hoher kunsthistorischer Bedeutung vollständig zerstört. Dabei ging

112

*Das Eckparade- oder
Ecktafelgemach im Jahre 2001*

*Die Türeinfassung zur inneren
Wendeltreppe aus dem Jahre
1550 im zweiten Obergeschoß*

fast die gesamte festeingebaute Innenarchitektur mit den von LOUIS
DE SILVESTRE geschaffenen Deckengemälden verloren. Erhalten
haben sich allerdings wesentliche Teile des Mobiliars und der
Wanddekorationen, so daß eine vorsichtige Rekonstruktion einiger
Räume durchaus möglich ist.

*Die Raumfläche der einstigen
Paradegemächer im zweiten
Obergeschoß des Westflügels
im Jahre 2001*

Bärengartenflügel

Reste der von Kurfürst Christian I. errichteten Badestube im heutigen Bärengartenflügel

Der Bärengartenflügel erhielt im Zuge des historistischen Umbaus 1891 seinen heutigen Namen und zugleich seine Erscheinung als eigenständiger Bereich des Schlosses. Damals wurden zwei unabhängig voneinander entstandene Bauten durch DUNGER und FRÖLICH zu einem einheitlichen Bauköper verschmolzen. Die Architekten erhöhten den neuen Bau bis zur Dachhöhe des Westflügels und werteten die zuvor schlichte Fassade architektonisch auf, indem sie ihr eine dichte, pittoreske Folge von funktionslosen Giebeln aufsetzten.

Der Bärengartenflügel umfaßt einen Teil des von Kurfürst MORITZ errichteten Südflügels, der teilweise mit einem Baukörper aus der Zeit Kurfürst CHRISTIANS I. verschmolz. Diese ursprüngliche Badestube bildete mit der Ostfassade den westlichen Abschluß des Kleinen Schloßhofes und wies mit der anderen zum „Neuen churfürstlichen Garten". Aus dieser Zeit konnten eindrucksvolle Reste freigelegt werden. Mehr als zweihundert Jahre durchschnitt dieses Gebäude im Süden ein schmaler, unüberbauter Durchgang, der von der Gartenanlage in den Kleinen Schloßhof führte.

Zwischenflügel und Bärengartenflügel in ihrer durch G. Dunger und G. Frölich geschaffenen Form von der Brüstung des Zwingers aus

Der südliche Eckturm des Westflügels, der von G. Dunger nach 1889 anstelle der Ostfassade des ehemaligen "Comoedienhaußes" errichtet wurde

1664 bis 1667 wurde der Spätrenaissancebau durch KLENGEL vergrößert und der davor liegende Garten von einer Kolonnade gesäumt, die aus toskanischen Doppelsäulen mit Tropfsteinmotiven bestand. Dieser nicht mehr in voller Länge bestehende Säulengang stützte einen balkonartigen Laufgang, über den die Hofgesellschaft entlang der kurfürstlichen Wohngemächer vom Schloß aus in das „Comoedienhauß" KLENGELS gelangen konnte. Dieser erste große Theaterbau und gleichzeitig das erste Opernhaus Dresdens war anstelle des historistischen südwestlichen Turms der Westfassade an das Schloß angefügt. Um 1700 ließ AUGUST DER STARKE den Klengelschen Bau über dem alten Badehaus erneut erhöhen, um dort einen Speise- und einen Empfangssaal einzurichten, denn bis 1719 nutzte er das erste Geschoß des Bärengartenflügels als Teil seines privaten Appartements. Von 1708 bis 1748 diente das Schloßtheater als erste katholische Hof- und Pfarrkirche, dann als Ballhaus und schließlich als Archivgebäude. 1888 wurde der weit aus der Westfassade bis auf den Platz vor dem heutigen Taschenbergpalais herausragenden Baukörper abgerissen.

Die von W. C. von Klengel an der südlichen Fassade des Westflügels am ehemaligen „Neuen churfürstlichen Garten" geschaffene Kolonnade, die den einstmals zum Opernhaus führenden Laufgang stützt

Bärengartenflügel

115

Südflügel Zwischen 1892 und 1894 wurde der heutige Südflügel des Schlosses als Neubau errichtet. Damit entstand für den königlichen Hof ein eigenständiger Verwaltungsbau, der die zuvor bestehende Übernutzung des Schloßgeviets auflösen und den steigenden Platzbedarf moderner Bürokratie decken sollte. Die Architekten DUNGER und FRÖLICH gestalteten den Südflügel als einheitlichen Baukörper, indem sie fünf Einzelgebäude vereinten, die zuvor auf diesem Grund standen. Die Raumstrukturen dieser Bürgerhäuser der Renaissance haben sich teilweise in den Erdgeschoßbereichen erhalten.

In seinen Bauformen variiert der Südflügel in freier Form die Außenarchitektur des Westflügels. Als städtebauliche Dominante der langen Hauptfassade zum ursprünglich engen Straßenraum der Gasse Am Taschenberg wirken die beiden neobarocken Ecktürme. Gleichen Zwecken diente auch die monumentale Überbrückung vom Residenzschloß zum Wohnsitz des Kronprinzen im Taschenbergpalais. In den Eckturm zur Schloßstraße, dessen Erdgeschoß eine kleine Polizeiwache aufnahm, wurde das Renaissanceportal eines der Bürgerhäuser eingefügt, das einst hier stand. Kräftige Rustizierungen im Erdgeschoß, aufwendige Dachgiebel im Stil der Neorenaissance und ein skulpturaler Erker an der Schloßstraße verliehen dem Verwaltungsbau im Sinne des Historismus ein malerisches Aussehen. Der 1999 im Äußeren wiederhergestellte Südflügel, dessen Hauptfassade nun einem neuentstandenen Platz zugewandt ist, wird ab Mitte des Jahres 2003 die Direktionen und Werkstätten des Grünen Gewölbes, der Rüstkammer und des Kupferstich-Kabinetts, die Kunstbibliothek sowie die Verwaltungsdirektion, den technischen Dienst und zum Teil die Generaldirektion der Staatlichen Kunstsammlungen Dresden aufnehmen.

In den südöstlichen Rundturm des neu erbauten Südflügels wurde das Renaissanceportal des Kühnschen Hauses aus der Zeit um 1580 einbezogen, das sich einst an der Ecke zur Gasse Am Taschenberg und zur Schloßstraße erhob. Historistische Elemente ergänzen die für Sachsen typische Portalform.

Das Hauptportal zu dem als Sitz der königlichen Verwaltung errichteten Südflügel

In den Südflügel werden ab Mitte 2003 Direktionen und Werkstätten der Staatlichen Kunstsammlungen Dresden sowie deren Kunstbibliothek und Verwaltungsdirektion einziehen.

Torhaus Das blockhafte, zweigeschossige Torgebäude wurde zwischen 1589 und 1590 für Kurfürst CHRISTIAN I. als würdiger Zugang zum Schloß errichtet. Der Baumeister PAUL BUCHNER schuf den von italienischem Formempfinden beeinflußten Triumphbau nach Anregungen von GIOVANNI MARIA NOSSENI. Aus dieser Zeit stammt die Außenarchitektur und das Portal zur Schloßstraße, das von doppelten toskanischen Säulen flankiert wird. Der Schlußstein in Form eines Pelikans und der sehr lebendig gestaltete Löwenkopffries des Gesimses wurden durch den Bildhauer ANDREAS WALTHER III gleichfalls in der Spätrenaissance geschaffen. Verlorengegangen ist der weitere Bauschmuck, der aus allegorischen Figuren auf die Tugend des Fürsten bestand. Im frühen 18. Jahrhundert verschwand auch der zierliche Rundtempel, der sich ursprünglich über dem nach italienischer Art flach gedeckten Dach erhob. Die Fassade dieses bedeutenden Hauptportals des Residenzschlosses wurde während des historistischen Schloßumbaues gründlich erneuert und danach von einem monumentalen Neorenaissancegiebel bekrönt. Damals, 1896, wurden auch die Löwen über dem Portal dem noch erhaltenen Bauschmuck hinzugefügt. Das Torhaus wird 2004 wieder zum Hauptzugang des Schlosses.

Von dem einstmals umfangreichen Bildschmuck des Torbaus Christian I. aus der Zeit um 1590 haben sich nur der Fries mit Löwenköpfen und der als Pelikan geformte Schlußstein erhalten.

Der mittlere Bereich des Torbaus. Das Portal war seit seiner Entstehung der Hauptzugang des Residenzschlosses. Ab dem Jahre 2004 dient er den im Schloß vereinten Museen der Staatlichen Kunstsammlungen Dresden als Hauptportal.

Torhaus

Englische Treppe und Riesensaal

Die Englische Treppe wurde 1692 alse barocke Haupttreppe nach Plänen des Hofbaumeisters JOHANN GEORG STARCKE angelegt und aus Anlaß der feierlichen Einkleidung des Kurfürsten JOHANN GEORG IV. zum Ritter des englischen Hosenbandordens im folgenden Jahr eingeweiht. Der moderne Name der „großen Treppe" geht auf dieses Ereignis zurück. Anstelle der Englischen Treppe stand zuvor ein Verwaltungstrakt, die Schösserei. Bereits 1701 erlitt die Englische Treppe durch den großen Schloßbrand Schäden. In den folgenden Jahrhunderten wurde die repräsentative Haupttreppe des Schlosses mehrfach dem Zeitgeschmack angepaßt, letztmals 1895 nach Plänen von GUSTAV FRÖLICH.

Treppenabsatz der nach Entwürfen von G. Frölich mit Bildhauerarbeiten von C. Roth erneuerten Englischen Treppe im zweiten Obergeschoß im Jahre 1896

Zustand des Treppenbereichs vor dem einstigen Riesensaal im zweiten Obergeschoß im Jahre 2001

120

Bei der Zerstörung am 13. Februar 1945 stürzten die Decken im Ostflügel weitgehend ein. Vom einstigen Riesensaal, dem größten Festraum der Renaissance und des Barock im zweiten Obergeschoß des Schlosses, blieb nur eine freie Fläche, die von Wandstücken eingefaßt wird.

Seit dem späten 15. Jahrhundert befand sich im zweite Geschoß des Ostflügels der herzoglichen Burganlage ein großer Saal, der damals als „Dantzsall" bezeichnet wurde. Während des Umbaues zum Schloß unter Kurfürst MORITZ wurde dieser Saal, der das ganze Geschoß einnahm, bis in den Nordflügel erweitert. Er war nun 56,7 m lang und 13 m breit. Zwölf riesenhafte Krieger, auf die Wandpfeiler zwischen den Fenstern gemalt, stützten die fünf Meter hohe Holzdecke. Sie gaben dem Fest- und Repräsentationsraum seinen Namen „Riesensaal". Die Darstellungen gehörten zur symbolhaften Ausmalung des gesamten Raumes, die zwischen 1549 und 1553 entstand. Kurfürst JOHANN GEORG I. ließ den Riesensaal seit dem Jahre 1625 vollständig erneuern und unter Hinzuziehung des darrüberliegenden Geschosses auf 9,6 m erhöhen. Die erst 1650 vollendete neue Ausmalung hatte das Selbstverständnis des Ständestaats des frühbarocken Sachsen zum Thema, denn der Riesensaal diente damals nicht nur höfischen Festen, sondern auch zur Eröffnung der Landtage. 1701 brannte der von einer bogenförmigen Holzkonstruktion überdeckte Riesensaal aus und wurde nach 1718 als spätbarocker Fest- und Gardesaal wiederhergestellt. Der schließlich von AUGUST DEM STARKEN 1726 zum Hauptsaal seiner Bildergalerie umgewandelte Riesensaal verschwand seit 1733. An seiner Stelle entstanden die Privatkapelle der Königin und Wohnappartements.

Blick auf den Ostflügel. Mit Kunststoffverdachungen werden die Ausgrabungen der „Kemenate" und anderer mittelalterlicher Bereiche geschützt. Rechts der einstige Süd- und heutige Zwischenflügel mit den Resten des von G. Starcke geschaffenen Portals zwischen Großem und Kleinen Schloßhof

Ostflügel – Außenarchitektur

Die Fassade des Residenzschlosses zur Schloßstraße war eine bemerkenswerte Leistung historistischer Baukunst. DUNGER und FRÖLICH sahen sich vor die Aufgabe gestellt, in einem engen Straßenraum eine repräsentative Schaufassade anzulegen. Der vorhandene Baukomplex, der aus verschiedenen Zeiten stammte und höchst unterschiedliche Funktionen in sich barg, mußte in einer Weise gliedert werden, die eine Einheitlichkeit herstellte und dabei als differenzierte Abfolge sichtbar blieb. Der traditionellen Krümmung der Schloßstraße zur Brücke folgend, wurde die Fassade durch Vor- und Rücksprünge belebt. Das auffälligste Element der Fassade, der in die Straße hineinreichende Torbau CHRISTIANS I., wurde durch einen aufgesetzten mächtigen Giebel bekrönt, der wirkungsvoll den ehrwürdigen Hauptzugang zum königlichen Schloß betonte. Den nördlichen Teil der Fassade bildete der breitgelagerte, von zwei Ziergiebeln und einem Zierererker

In der Fassade des Ostflügels zur Schloßstraße werden die Zerstörungen des Zweiten Weltkriegs noch für einige Jahre augenscheinlich erfahrbar bleiben.

geschmückte Ostflügel des Schlosses. Hinter dessen relativ schlichter Putzfassade, die sich über einer Sandsteinrustika erhob, verbargen sich Mauern, die bis ins 15. Jahrhundert zurückreichen.

Der Bereich der nördlichen Schloßstraße wurde im Februar 1945 durch die Hitze der Brände besonders stark zerstört. 1985 entschloß man sich, die erhaltenen Mauern durch einen „technologischen Durchbruch" zu öffnen, um auf diesem Weg einen Baukran in den Schloßhof zu bringen. Bei der anschließend Beräumung des Erdgeschosses wurden vier Joche der spätgotischen Pfeilerhalle sowie zwei rippengewölbte Räume am Nordende freigelegt. Die geplante Rekonstruktion des Riesensaales und die Entscheidung, das Torgebäude der Spätrenaissance nicht zu überbauen, machen es unmöglich, den 1895 vollendeten Zustand wiederherzustellen.

Grabungen im Großen Schloßhof in den Jahren 1982 bis 1987 und archäologische Forschungen von 1999 bis 2000 im Bereich des Ostflügels und des angrenzenden Hofes geben Auskunft über die Entstehungszeit des Dresdner Schlosses. Die jüngste archäologische Untersuchung sollten klären, ob der nie unterkellerte Ostflügel ein neues Untergeschoß als zweites Foyer der künftigen Museen erhalten könnte. Die Grabungen bestätigten, daß der Ostflügel zu den ältesten Teilen der einstigen Burganlage gehört. Es fanden sich knapp unterhalb des Bodenniveaus umfangreiche, dicht übereinander liegende Schichten von Bauten des 12. bis 14. Jahrhunderts, so daß eine Unterkellerung nicht möglich wird. Dazu gehörten vor der ersten Burganlage errichtete Holzbauten vom Ende des 12. Jahrhunderts, die Ummauerung der ersten Burganlage aus der ersten Hälfte des 13. Jahrhunderts und ein etwas umfangreicherer Steinbau aus der zweiten Hälfte des 13. Jahrhunderts. In dieser Zeit entstand auch ein sorgfältig erbautes Gebäude mit einem zunächst flach gedeckten Saal mittlerer Größe, der in der Literatur als „Kemenate" bezeichnet wurde. Das Erdgeschoß des heutigen Ostflügels stammt teilweise noch aus der letzten großen Burgbauphase des Mittelalters und wurde zwischen 1470 und 1480 errichtet. Die neueste Grabungsergebnisse sind bisher noch nicht umfassend veröffentlicht. Sie werden bei der Gestaltung des Schlosses zu Museumszwecken Berücksichtigung finden.

Ausgrabungen im
Erdgeschoßbereich des
Ostflügels durch das
Landesamt für Archäologie
Sachsen

Ostflügel

Kleiner Schloßhof Der kleine Schloßhof ist heute der in seiner originalen Bausubstanz am besten erhaltene Teil des einstigen Renaissanceschlosses. Ursprünglich als freier Platz vor der spätmittelalterlichen Burg angelegt, wurde er seit 1591 von CHRISTIAN I. zum Schloßhof umgeformt und nach seinem Tode 1595 fertiggestellt. Nach Norden hin erstreckt sich der ursprüngliche Südflügel des von MORITZ geschaffenen Schlosses, dem 1682 im Auftrag JOHANN GEORGS II. ein barockes Portal eingefügt wurde. In der Durchfahrt dieses Portals befindet sich das Vestibül der Englischen Treppe. Den südlich begrenzenden Flügel des Kleinen Schloßhofes bildete ursprünglich ein stattliches Bürgerhaus, das Schreyer'sche Haus, das bis 1595 als Wohnsitz für die noch minderjährigen Söhne CHRISTIANS I.

Die doppelgeschossige Loggia im Kleinen Schloßhof verband einst den Wohnsitz der minderjährigen Söhne Kurfürst Christians I., Christian (II.) und Johann Georg (I.), mit dem Residenzschloß.

Die Hoffassade des Torhauses Christians I., an der die Auflagelöcher für die doppelgeschossige Loggia und die Fenster einer innenliegenden Wendeltreppe erkennbar sind.

ausgebaut wurde. Gleichzeitig entstand vor dem Gebäudetrakt eine zweigeschossige Loggia mit Stichbogen auf toskanischen Säulen. Der Baumeister PAUL BUCHNER schuf zugleich den Wendelstein in der Südwestecke des Hofes. Die Innenräume der Bauten, die den Kleinen Schloßhof umgeben sowie einige Kreuzgratgewölbe im Erdgeschoß überstanden die Zerstörungen des Zweiten Weltkrieges. In der südwestlichen Ecke des Kleinen Schloßhofes führte ehemals ein schmaler, nach oben offner Durchgang zum „Neuen churfürstlichen Garten" vor dem heutigen Bärengartenflügel. Er soll in veränderten Formen bis 2003 wieder entstehen. Den daran angrenzenden westlichen Abschluß bildete die 1589 erbaute Badestube CHRISTIANS I. Dieser Schloßbereich wurde in den folgenden Jahrhunderten mehrfach umgebaut. Er wird in Zukunft in neuer Form als Zugang und Foyer des Grünen Gewölbes und anderer museal genutzter Teile des Schlosses dienen.

Großer Schloßhof – Sgraffiti

Zwischen 1549 und 1552 entstand der Große Schloßhof als weitgehend rechtwinklige Vierflügelanlage, die in dieser Form damals in Deutschland einzigartig war. Die unterschiedlich breiten Schloßflügel wurden dazu geschickt optisch miteinander vereint und den Dächern des umgebauten alten Ostflügels und des neu errichteten, breiteren Westflügels jeweils drei auffällige Zwerchhäusern mit Giebeln aufgesetzt. Die Schauseite des Schloßhofes bildete die Nordseite mit dem Hausmannsturm in ihrer Mitte, der diesem vorgeblendeten dreigeschossigen Loggia und den beiden prächtigen Wendelsteinen. Zur angestrebten Vereinheitlichung trug im besonderen Maße die Gestaltung sämtlicher Außenwände des Schlosses in Sgraffititechnik bei. Hierbei wurden Ornamente, Figuren und illusionistische Architekturglieder im noch feuchten hellen Putz aus Kalkmörtel über einem dunkelgrauen, mit Holzkohle eingefärbten Grund flächenhaft eingeritzt. Die Sgrafftiti bildeten die prägende Dekoration der Schloßfassaden und bewirkten ihre architektonische Ordnung im Sinne der klassischen Bauregeln der Renaissance. Die aus Norditalien stammenden Brüder BENEDICT und GABRIEL TOLA entwarfen eine umfangreiche Folge von Darstellungen aus der römischen Geschichte, die vor allem die Flächen zwischen den Fenstern füllten. Die im Fries des Hauptgesimses unterhalb der Traufkante des Daches umlaufende lateinische Inschrift nannte den Bauherrn MORITZ mit seinen Herrschaftstiteln. Zweimal, 1602 bis 1604 und 1675 bis 1678, wurde der relativ haltbare Wandschmuck erneuert. Bis zum 18. Jahrhundert diente der Große Schloßhof nicht nur als Entree des Schlosses und prächtiger Festplatz, sondern auch als eine Art Denkmal für seinen Erbauer MORITZ, der die Kurfürstenwürde für die albertinische Linie des Hauses Wettin erstritten hatte.

Anläßlich des großen barocken Schloßumbaus unter AUGUST DEM STARKEN in den Jahren vor 1719 wurden die Sgraffitibemalungen abgeschlagen und durch eine einheitliche Putzfassade ersetzt. Die seit 1989 einsetzende Rekonstruktion des Fassadenschmucks der Renaissance kann sich daher nur noch auf zeitgenössische Darstellungen und Fotos des verlorengegangenen Schloßmodells aus der Renaissance stützen.

Die Hoffassaden des
Westflügels, des nordwest-
lichen Treppenturms und des
daran anschließenden Nord-
flügels.
Die Wiederherstellung der
Sgraffitobemalung des Großen
Schloßhofes begann 1991 am
Giebel des Westflügels.

Die Hoffassade des einstigen
Südflügels des Renaissanceschlosses. Der durch J. G.
Starcke 1683 errichtete süd-
östliche Treppenturm wurde
1997 rekonstruiert.

Großer Schloßhof

*Ansichten der Westflügel-
fassade und angrenzender
Bereiche des Nordflügels*

Großer Schloßhof – Treppentürme

Die beiden Treppentürme der Nordfassade, von denen der nordöstliche 1549 und der nordwestliche 1550 vollendet wurden, prägten mit ihrem reichen Bauschmuck die festliche Wirkung des Großen Schloßhofs. Sie dienten neben der vertikalen Erschließung der einzelnen Geschosse des Schlosses auch als repräsentative Zugänge zu den Erdgeschoßbereichen – was die Vielzahl ihrer Portale zum Hof erklärt. Der Baumeister CASPAR VOIGT VON WIERANDT entwarf die Türme unter Leitung von HANS VON DEHN-ROTHFELSER nach französischen Vorbildern als fünfgeschossige Bauwerke mit schräg ansteigenden Fenstern, die jeweils von einer Kuppel mit Laterne abgeschlossen wurden. Die jeweils vier umkleidenden Pilaster der beiden Wendelsteine sind durch Groteskenornament von erstaunlicher Vielfalt übersponnen. Als Tragefiguren erscheinen im Erdgeschoßbereich des nordöstlichen Turms Figuren biblischen Charakters – Adam und Eva, Kain und Abel, aber auch Wilder Mann und Wilde Frau – am nordwestlichen Turm hingegen manieristische Karyatidenhermen. Die Reliefs in der Frieszone des Hauptgesimses widmeten sich Darstellungen berühmter Schlachten der Antike, im Nordwesten dem Kampf um Troja und im Nordosten wohl den Perserkriegen. Der figurale und ornamentale Reliefschmuck aus Sandstein stammt wahrscheinlich von italienischen und deutschen Künstlern, wobei der Dresdner Bildhauer HANS WALTHER II wohl als Hauptmeister zu gelten hat.

Pilaster mit Groteskenornament und der Darstellung der Opfer von Kain und Abel an einem der Pilaster in der Portalzone des nordöstlichen Wendelsteins

Tragefigur im Erdgeschoßbereich des 1549 vollendeten nordöstlichen Wendelsteins und Reliefdarstellung des Sündenfalls

1883 erfuhren die Renaissancewendelsteine eine weitgehende Erneuerung der Architektur und eine Rekonstruktion ihres Bauschmucks durch den Bildhauer OHLENDIECK. Der schwer brandgeschädigte nordwestliche Wendelstein, von dem nur einige Reliefs und Figuren sowie das Gitter des Umgangs auf Firsthöhe erhalten blieben, wurde zwischen 1993 und 1995 mit Kopien nachgestaltet. Der nordöstliche Wendelstein ist zwar ebenfalls schwer geschädigt, von seinem Bauschmuck haben sich aber weite Teile erhalten.

Detail des skulpturalen Schmuckes des nordöstlichen Wendelsteins

Schloßkapelle – Portal

Bis 1737 erhob sich das Schloßkapellenportal vor der Mitte des Nordwestflügels, flankiert von zwei großen Fenstern der Kapelle und umrahmt von ornamentaler Sgraffitimalerei. Das 1555 bis 1556 entstandene Portal bildete einen künstlerischen Mittelpunkt der Kapellenausstattung und gehört durch seine Architektur und Ornamentik zu den bedeutendsten Kunstwerken der Renaissance in Deutschland. Mit den jeweils paarig auf hohen Postamenten angeordneten Säulen korinthischer Ordnung, dem Architrav mit reichem Fries aus Akanthusranken und der darüber lagernden schweren Attika nimmt das Schloßkapellenportal die Formen des antiken Triumphbogens des Kaisers Titus in Rom auf. Die Architektur und das ebenfalls von antiken Vorbildern beeinflußte Ornament stammen wahrscheinlich von italienischen Künstlern, die nicht ganz so qualitätsvollen Skulpturen gehen wahrscheinlich zum größten Teil auf HANS WALTHER II zurück. Das weitgehend erhaltene Figurenprogramm orientierte sich an der lutherischen Lehre, als deren Hauptkirche in Sachsen die Kapelle des Dresdner Schlosses diente. Die in Nischen gestellten Figuren zeigten typologische Gegenüberstellungen von Vertretern des Alten und des Neuen Testaments. Zwischen den Säulen des Portals befanden sich daher links unten der Evangelist Johannes und darüber Johannes der Täufer, rechts unten Petrus und über ihm Moses. In der schweren Attika stand zwischen den beiden mit Groteskenornament geschmückten Pilastern links Paulus und rechts der Prophet Jesajas. Sie flankierten das auf die Breite des Portaldurchgangs bezogene Relief mit der bewegt gestalteten, vielfigurigen Darstellung der Auferstehung Christi. Bekrönt wurde das Portal durch die Figur des auferstandenen Gottessohns mit der Fahne des Sieges über den Tod in der Hand, den vier Allegorien christlicher Tugenden auf der Attika flankierten. Von diesen haben sich die Allegorie des Glaubens und die der Stärke erhalten. Mit der Auflösung der evangelischen Schloßkapelle im Jahre 1737 wurde das Kapellenportal an die Westfront der Sophienkirche versetzt. Von dort gelangte es 1872 wegen des historistischen Umbaus der alten Kloster- und späteren Hofkirche auf den Platz Am Jüdenhof, an dem es sich noch heute befindet.

Das 1556 vollendete Portal
der Schloßkapelle in seiner
heutigen Aufstellung
Am Jüdenhof

Die Attikazone des Portals
mit dem Relief mit der
Auferstehung Christi umgibt
reiches, hervorragend gearbei-
tetes Renaissanceornament.

Schloßkapelle – Reste der Ausstattung

Die hölzerne Tür des Schloßkapellenportals befindet sich heute in der Schloßausstellung im Georgenbau. Ihre Ikonographie ist auf das lutherische Bildprogramm des sakralen Triumphbogens abgestimmt. Von Groteskenornament eingefaßt zeigt das säulenumrahmte Mittelrelief Christus mit der Ehebrecherin und damit die bedingungslose Erlösung des sündhaften Menschen durch den Glauben an Gott. In der giebelbekrönten Ädikula über dieser wohl von Hans Kramer geschaffenen Holzbildhauerarbeit findet sich der Wahlspruch der protestantischen Wettiner: „VDMIA" (verbum domini manet in aeternum – das Wort Gottes bleibt in Ewigkeit). Das Türblatt ist ebenso wie die architektonische Einfassung mit ihrem Skulpturenschmuck zwischen 1555 und 1556 entstanden und geht wahrscheinlich wie das gesamte Portal auf einen Entwurf von Juan Maria da Padua zurück.

Die Tür des Schloßkapellenportals aus Eichenholz, die H. Kramer zwischen 1555 und 1556 geschaffen hat, blieb weitgehend erhalten.

Der in Fragmenten erhaltene Altar der Schloßkapelle ist mit weiteren Teilen der Inneneinrichtung des Gotteshauses zwischen 1554 und 1555 entstanden. Wohl nach einem in Dresden gefertigten Entwurf wurde der mittlere Bereich in einer niederländischen Bildhauerwerkstatt in Alabaster ausgeführt. Der Renaissancealtar wird von Doppelsäulen korinthischer Ordnung eingefaßt, in deren Zwischenraum sich Herrschaftswappen befinden. Das Altarrelief zeigt Szenen mit christologischen Bezügen: im unteren Bereich die Geburt und die Kreuzigung Christi, darüber links die Erhöhung der ehernen Schlange und rechts die Ausgießung des Heiligen Geistes. Die bekrönende Ädikula widmet sich mit der Darstellung Adam und Evas am Baum der Erkenntnis und der Vertreibung des ersten Menschpaares aus dem Paradies mit der auf alle Menschen gekommenen Ursünde. Im Giebelabschluß findet sich die heilige Dreifaltigkeit. In Dresden wurde der Altar durch Hans Walther II um die Predella mit der Abendmahlsdarstellung ergänzt. Von Walther stammen auch die Seitenteile. Die darin aufgestellten Figuren – Johannes der Täufer und Moses – wurden erst nach 1602 durch Nosseni hinzugefügt. Während des Umbaus der Dresdner Schloßkapelle unter Johann Georg II. gelangte der Altar 1662 in die Torgauer Schloßkapelle, wo er 1945 zerschlagen wurde. Die noch vorhandenen Bestandteile wurden vom Bildhauer Hempel ergänzt.

Die Fragmente des 1554 gefertigten Altares konnten soweit wieder zusammengesetzt werden, daß sie einen guten Eindruck vom ursprünglichen Zustand vermitteln.

Auch der Taufstein, über dem bis ins späte 17. Jahrhundert die Kinder der sächsischen Kurfürsten im lutherischen Glauben getauft wurden, ist nur noch ein Fragment. Er ist wohl ebenfalls ein Werk des HANS WALTHER II und entstand unter dem Einfluß der italienischen Renaissance. Erkennbar sind noch die einstige Vielzahl von Kindern und Kinderengeln an seinem Fuß und einige der kleinformatigen, figurenreichen Reliefplatten mit alttestamentarischen Szenen, die auf das Sakrament der Taufe bezogen wurden.

Brücken zum Taschenbergpalais und zur Kathedrale

Im heutigen Stadtgefüge wirkt das Schloß nach seinem Umbau während des Historismus wie ein großer Solitär. Die Tatsache, daß der von den sächsischen Herrschern und ihrem Hof genutzte Residenzbezirk wesentlich umfangreicher war, geriet darüber in Vergessenheit. Erkennbar wird dies noch heute dadurch, daß zwei architektonisch bedeutende Bauwerke Dresdens durch prächtige Übergänge mit diesem Kern des Schloßbezirks verbunden sind. So führt eine von GUSTAV FRÖLICH entworfene Brücke vom Nordflügel hinüber zur heutigen Kathedrale des Bistums Meißen-Dresden und ursprünglichen Katholischen Hof- und Pfarrkirche. Der mit kupfergetrieben Platten belegte Übergang ersetzt einen weitaus schlichteren Vorgänger, der 1761 als Verbindung vom damals geschaffenen Audienzgemachs AUGUSTS III. zur Kirche angelegt wurde.

Den Gang zwischen dem königlichen Schloß und der Residenz des Thronfolgers überbrückte ursprünglich im engen Stadtgefüge die schmale Gasse Am Taschenberg.

Auch die 1894 hergestellte Brückenverbindung zwischen dem Südflügel und dem Kronprinzenpalais geht auf einen älteren Vorgänger zurück. Mit Beginn der Erweiterung des Taschenberg-palais wurde dieses Kronprinzenpalais bereits 1755 über einen zweigeschossigen brückenartigen Gang im ersten und im zweiten Obergeschoß mit dem einstigen Bürgerhaus auf der gegenüberlie-genden Seite der Gasse am Taschenberg verbunden. Das Haus wiederum war durch Gänge an den Kernbau des Schlosses ange-schlossen.

Das historistische Ornament und der figurale Schmuck der Brücke zwischen dem Schloß und der heutigen Kathedrale sind von hoher künstlerischer und handwerklicher Qualität.

Der Schloßbezirk

*Luftaufnahme des
Schloßbezirks und der Elbe
von Norden aus*

Blick in den Stallhof

Der Schloßbezirk

Stallgebäude – Johanneum

Mit dem 1957 einsetzenden Wiederaufbau des seit 1876 als Johanneum bezeichneten ehemaligen Stallgebäudes zum Verkehrsmuseum begann die vorerst letzte museale Nutzung dieses geschichtsträchtigen Hauses. Der Bau, dessen Grundstein 1586 durch CHRISTIAN I. gelegt wurde, war zunächst eine dreiflügeliges, U-förmiges Schloßgebäude mit zwei Geschossen, dessen Dach mächtige Ziergiebel schmückten. Bis zum Spätbarock lag die Schauseite des Mehrzweckbaues zum Turnierhof, wo eine eingeschossige Loggia mit einer Treppenanlage die beiden Hofflügel miteinander verband. In deren Erdgeschossen befanden sich der Marstall für die kurfürstlichen Leibpferde und die Pferde der „reissigen Knechte". Von diesem mächtigen Renaissancebau haben sich die beiden kreuzgratgewölbten Hallen für die Stallungen, die von toskanischen Säulen gestützt werden, erhalten. Aus der Erbauungszeit stammen noch drei Portale mit derber Rustika und einem Löwenkopf als Schlußstein, von denen zwei ins Gebäude und eines in den Turnierhof führten sowie große Teile des Mauerwerks. Zum Jüdenhof hin gab sich das Stallgebäude durch seine geschlossene Fassade und die eingeschossigen „Bastionen" an den Ecken martialisch streng. Bis 1722 beherbergte der Bau im Obergeschoß Prunkgemächer, die zum Jüdenhof lagen, sowie die Schlittenkammer, die Harnischkammer und die Rüstkammer der Kurfürsten.

Der unter AUGUST DEM STARKEN durchgeführte Umbau des Stallgebäudes ist im heutigen Bau noch ablesbar. Die Renaissancegiebel verschwanden und es entstand damals eine drei-

Die Hauptfassade des ehemaligen Stallgebäudes und heutigen Johanneums zum Jüdenhof

Stallgebäude

geschossige Vierflügelanlage, die sich nunmehr mit der noch beste-
henden „Englischen Treppe" zum Jüdenhof hin ausrichtete.
Erhalten haben sich zudem spätbarocke Portale gegen den
Turnierhof. Der zweite Umbau zwischen 1744 und 1746 unter
AUGUST III. veränderte das ursprüngliche Aussehen noch weiter.
Nun verschwanden die Eckbastionen, gleichzeitig wurden die beiden Obergeschosse zu hohen Sälen vereint, die auf drei Seiten durch
hohe Rundbogen-Fenster beleuchtet wurden. Von 1746 bis 1854
nahm das Haus die Gemäldegalerie auf, die zu dieser Zeit den
Ruhm Dresdens als Museumsstadt begründete. Nach 1794 wurde
in der östlichen Erdgeschoßhalle die Sammlung von Gipsabgüssen
des Malers ANTON RAPHAEL MENGS aufgestellt, während die westliche Halle weiterhin als Stallung diente. Bald nach dem Auszug der
Gemäldegalerie entstand die Idee, in das Gebäude am Stallhof die
Rüstkammer und die Porzellansammlung unterzubringen.
Zwischen 1872 und 1876 wurde das Gebäude durch HAENEL
erneut umgebaut. Neben erheblichen Veränderungen der Struktur
des Rokoko und der Errichtung eines flachen Dach mit umlaufen-
der Balustrade erhielt die Fassade einen historistischen Schmuck
durch CHRISTIAN BEHRENS, der sich auf die Geschichte und die
neue Funktion des Stallgebäudes bezog.

*Das Portal des Stallhofs nörd-
lich des Johanneums an der
Ecke zur Augustusstraße
stammt weitgehend aus der
Zeit Christians I. und entstand kurz nach 1586.*

**Stallhof
– Langer Gang** Der Lange Gang verbindet das Schloß über den Georgenbau mit dem heutigen Museum Johanneum, dem ehemaligen „kurfürstlichen Reissigen Stall" CHRISTIANS I. Er wurde zwischen 1586 und 1588 auf den Mauern der äußeren mittelalterlichen Festung als eine über 100 m lange, zum Stallhof hin geöffnete Bogenhalle errichtet, die eine korridorartige Galerie im Obergeschoß stützte. Ursprünglich bestand die Bogenhalle aus 22 Säulen toskanischer Ordnung. Der späteren Vergrößerung des Georgenbaues sind die beiden westlichsten Säulen zum Opfer gefallen. Der von PAUL BUCHNER erbaute Lange Gang ist von italienischen Vorbildern geprägt und geht wohl auf Anregungen des Hofgestalters GIOVANNI MARIA NOSSENI zurück. Nachdem dieses ungewöhnlichen Bauwerk im Bereich der Bogenhalle einige Veränderungen erlebt hatte, wurde es 1935 wieder in seinen ursprünglichen architektonischen Zustand zurückversetzt. Dem folgte seit 1957 der kriegsbedingte Wiederaufbau. Mit der teilweisen Rekonstruktion der 1588 von HEINRICH GÖDING ausgeführten Kalkbemalung in den Jahren 1979 und 1980 als Silikatmalerei ist das charakteristische Erscheinungsbild der Entstehungszeit wieder erkennbar. Man beschränkte sich dabei auf die ornamentalen Bereiche mit Grotesken und Rollwerk sowie auf die Restaurierung der Wappen sächsischer Landesteile über den Säulen. Die einstmals zwischen den Fenstern vorhandenen Darstellungen der Taten des Herkules wurden nicht rekonstruiert. Ebenso fehlen heute die im Erdgeschoß an der Innenwand der Rundbogenarkaden angebrachten Porträts von geschenkten Turnierrössern, unter denen jeweils eine Turnierdarstellung angebracht war.

Den beidseitig durchfensterten Galerieraum im Obergeschoss ließ CHRISTIAN I. mit überlebensgroßen Bildnissen seiner Vorgänger als Ahnengalerie des Hauses Wettin ausstatten und mit einer kostbaren hölzernen Innenarchitektur schmücken. Zwischen 1731 und 1733 wurde in diesem schmalen, langen Raum unter Einbeziehung erheblicher Teile der ursprünglichen Ausstattung die Gewehrgalerie AUGUST DES STARKEN eingerichtet. Bis auf wenige Reste ist dieser Repräsentations- und Museumsraum des Spätbarock im Februar 1945 verlorengegangen. Zur Zeit wird die Galerie als Ausstellungsfläche des Verkehrsmuseums genutzt.

*Blick von der einstigen mittel-
alterlichen Stadtmauer auf
den Langen Gang und den
Turnierbereich des Stallhofs*

Stallhof – Turnierhof Der Stallhof wurde als Austragungsort fürstlicher Turniere und Ritterspiele angelegt und von CHRISTIAN I. 1591 eingeweiht. Der fürstliche Turnierhof war zur umgebenden Stadt durch Mauern abgetrennt und nur durch drei Tore erreichbar. Im nördlichen Teil zwischen dem Langen Gang und dem Kanzleigebäude umfaßt der Stallhof die Ausmaße des Zwingers der mittelalterlichen Stadtbefestigung, auf dessen Fläche er erbaut wurde. Die den Stallhof nach Süden begrenzende 40 m lange Wand zum Kanzleihaus besteht zum großen Teil noch aus der inneren Stadtmauer. Auf Höhe der beiden Bronzesäulen wurden in diese Mauer vier „Judicir-Logen" für die Turnierrichter eingeschnitten. Die Zuschauer konnten dem festlichen Treiben von den Fenstern der Kanzleihauswand oder vom Obergeschoß des Langen Ganges aus beiwohnen. Die offene Halle unter dem Georgenbau wird in Plänen des späten 16. Jahrhunderts als „Altes Kanzleigewölbe" bezeichnet und gehört mit der gedrungenen Säule zum Baubestand der Spätrenaissance.

Die prächtigen Bronzesäulen wurden 1601 anläßlich der Volljährigkeit des Kurfürsten CHRISTIAN II. nach einem Entwurf von NOSSENI von den Kannengießern BENEDIX BACHSTÄDT und GOTTSCHALCH SPECHT geschaffen. Sie bestehen jeweils aus einem Postament, über dem sich eine Säule korinthischer Ordnung erhebt, deren unterer Teil mit Trophäenreliefs verziert ist. Jede Säule bekrönt ein Obelisk. An den jeweiligen Seiten zur Hofachse befinden sich mehrere Löcher zur Befestigung von Stechringen. Diese seltenen Zeugnisse des ritterlichen Festwesens der Spätrenaissance werden ergänzt durch kleinere, mit Ketten verbundene Bronzesäulen, die die beiden Turnierbahnen begrenzen.

Östlich des Kanzleigebäudes führte die noch bestehende Rampe, der sogenannte Auftritt, direkt hinauf zur Pallienkammer im Stallgebäude, dem Aufbewahrungsort der Prunk- und Turnierharnische, und zum „Rüststüblein auf dem Altan", dem Ankleideraum für die Turnierteilnehmer. Die Pferdeschwemme in diesem nach Süden sich erweiternden Bereich des Stallhofes gehört zur ursprünglichen Anlage und wurde 1745 von KNÖFFEL in der noch bestehenden Form umgebaut. Dabei erhielt der Wasserlauf seine Verzierung mit einem Bockskopf und Kartuschen.

An der Südseite des Stallhofes,
die im Kern von der mittelalterlichen Stattmauer gebildet
wird, sind noch die vier
großen Renaissancefenster für
die Logen der Turnierrichter
erhalten.

Die 1601 geschaffenen
Bronzesäulen dienten zur
Anbringung der Ringe, nach
denen im ritterlichen Wett-
bewerb zu Pferd gestochen
wurde. Ihren unteren Bereiche
ziert reiches Ornament.

Von der Mitte des 16. bis ins frühe 18. Jahrhundert war die heutige Augustusstraße die einzige öffentliche Verbindung von der Elbbrücke in die Stadt. Als breiter Straßenzug wurde sie von Kurfürst MORITZ auf dem Verlauf des mittelalterlichen Stadtgrabens errichtet. Bis zur Erbauung des Langen Ganges begrenzte die äußere Stadtmauer ihren Verlauf. Die Fassade des Langen Ganges, der zur Straße hin einen geschlossenen Unterbau besaß, ließ CHRISTIAN I. von HEINRICH GÖDING mit einer auf schwarzem Grund gemalten Architekturgliederung schmücken. Unterhalb der Fenster des Obergeschosses hat der Maler einen schmalen, durchgehenden Reiterfries angebracht. Möglicherweise war die Erinnerung an diesen verlorenen Wandschmuck der Spätrenaissance Ausgangspunkt für die 1865 aufkommende Überlegung, die ungegliederte Straßenfassade des Langen Ganges mit einem „Fürstenzug" zu schmücken. Nach verschiedenen Entwürfen des in der Sgraffitomalerei erfahrenen Künstlers WILHELM WALTHER entschied sich König JOHANN 1868 für eine romantische Darstellung, die dann von 1872 bis 1876 ausgeführt wurde. Die umrahmende historistische Architekturgliederung entwarf der Dresdner Architekt KARL WEISSBACH. Der 102 m lange und 10,5 m

Der auf Porzellankacheln gemalte Fürstenzug gehört seit seiner Entstehung zu den beliebtesten Bildwerken Dresdens.

hohe Zug beginnt mit einem Herold und zahlreichen berittenen Fanfarenbläsern, denen sich KONRAD DER GROSSE, der Begründer der Macht des Hauses Wettin in der Mark Meissen, anschließt. In Gruppen folgen 34 berittene Markgrafen, Herzöge, Kurfürsten und Könige von Sachsen. Die jeweiligen Fürsten erscheinen in ihrer historischen Tracht und sind möglichst portraitgetreu dargestellt. König GEORG, der vorletzte Herrscher des am längsten regierenden deutschen Fürstengeschlechts, beschließt den Fürstenzug, gefolgt von zahlreichen Herolden und Fußvolk seiner Zeit, zu denen neben dem Schöpfer des Wandbildes auch andere Künstler, Militärs und Vertreter der höheren Stände gehören.

Bereits 1877 traten erste Schäden an dem von Anfang an sehr populären Kunstwerk auf. 1901 war eine Erneuerung dringend erforderlich, die dann zwischen 1904 und 1905 als genaue Übertragung in Scharffeuerfarben auf 25.000 Kacheln aus Meissner Porzellan realisiert wurde. Insgesamt 45 Reiter und 48 Fußgänger zeigt das mit 957 qm größte Porzellanbild der Welt, das die Zerstörung der Dresdner Innenstadt weitgehend unbeschadet überstand.

In historistischer Genauigkeit versuchte W. Walther den Zug der Ahnen des wettinischen Königshauses wiederzugeben. Zu genealogischen Gruppen zusammengefaßt und im trauten Gespräch reiten sie neben- und hintereinander.

Jagdtor Das Jagdtor entstand zwischen 1587 und 1588. Neben dem Torhaus des Schlosses und dem Pirnaischen Tor der Festungsanlage ließ Kurfürst CHRISTIAN I. es als dritte repräsentative Toranlage errichten. Das Jagdtor, das unmittelbar hinter dem befestigten Elbtor der Brücke lag, bildete den Zugang von der Hauptverkehrsachse der heutigen Augustusstraße zum Turnierhof der Stallhofanlage. Der Entwurf der rustizierten Architektur des Portals, die der des Stallgebäudes entspricht, geht wohl auf PAUL BUCHNER zurück. Die Bildhauerarbeiten stammen von ANDREAS WALTHER III. Das Wappen des sächsischen Kurfürstengeschlechts wird von zwei heraldischen, „zum Grimmen geschickten" Löwen gehalten und von zwei Schildträgern auf hohen Sockeln flankiert, die ursprünglich Lanzen trugen. Diese Freiskulpturen wurde wohl erstmals 1786 erneuert und um 1901 in einer manierierten Körperhaltung phantasievoll zu Landsknechten verändert. Im Bereich der Fensterzone des anschließenden Langen Ganges befindet sich die von einem reichen Rollwerk eingefaßte Huldigungstafel mit einer umfangreichen lateinischen Inschrift auf CHRISTIAN I., mit der der Kurfürst seinen Herrschaftsanspruch gegenüber jedermann dokumentierte, der Dresden über die Elbbrücke betrat.

Detail der Bekrönung des Jagdtores. Die Bildhauerarbeiten wurden 1588 beendet und von H. Walther III geschaffen.

Das ursprünglich neben dem
Elbtor gelegene Jagdtor bilde-
te nicht allein den Hauptzu-
gang zum kurfürstlichen
Stallhof, sondern dient seinem
Erbauer Christian I. auch als
repräsentatives Prunkportal.
Erst im 19. Jahrhundert
wurde das einst durch eine
Terrasse („Altan") abge-
schlossene Jagdtor in heutiger
Höhe überbaut.

Kanzleihaus   Das Haus der Kathedrale des Bistums Dresden-Meissen wurde zwischen 1997 und 1999 als eine äußerlich weitgehend detailgetreue Kopie des kurfürstlichen Kanzleihauses errichtet, das an gleicher Stelle über vier Jahrhunderte gestanden hatte. In 19 Stuben des Gebäudes brachte Kurfürst AUGUST diejenigen Verwaltungsämter Sachsens zentral unter, die in der Residenz ihren Sitz hatten. Das Kanzleihaus wurde von HANS IRMISCH zwischen 1565 und 1567 erbaut und war damit eines der ersten ausschließlich für Verwaltungszwecke bestimmten Gebäude in Europa. Die drei Flügel des Hauses gruppierten sich um einen Hof mit zwei Wendelsteinen. Nach Norden hin schloß die umgebaute innere Stadtmauer des Mittelalters diesen zum Stallhof ab. Dem benachbarten, neun Jahre zuvor vollendeten Schloßneubau entsprechend, wurde das Kanzleihaus als gegiebelter, dreigeschossiger Renaissancebau errichtet. Es erhielt zudem einen sehr reichen und in seiner Symbolik auf die Funktion des Hauses bezogenen Sgraffitoschmuck, der von BENEDIKT DA TOLA stammte. Unterhalb des Dachansatzes befand sich eine lateinische Inschrift mit ausführlicher Titulatur des Bauherrn, die derjenigen des Kurfürsten MORITZ im Großen Schloßhof entsprach. Mit der Errichtung des Kanzleihauses schuf der als Verwaltungsorganisator wirkende Kurfürst AUGUST die räumlichen Voraussetzungen für die in den 70er Jahren des 16. Jahrhunderts einsetzende Reform der Landesverwaltung und der fiskalischen Behörden.

Das Kanzleihaus behielt auch unter den nachfolgenden Kurfürsten seine Funktion weitgehend bei, wobei der Platzbedarf der Verwaltung beständig wuchs. 1731 wurde es im Inneren und 1737 im Äußeren grundlegend barockisiert. Damit verschwanden die letzten Reste des Sgraffitoschmucks der Renaissance. 1875 verlegte man die 1581 von Kurfürstin ANNA begründete Hofapotheke vom Taschenberg in dieses Gebäude. Nach einer umfangreichen Erneuerung im Jahre 1902 zog 1908 das königliche Münzkabinett in das Kanzleihaus. Durch die Bombardierung Dresdens wurde das Gebäude im Februar 1945 schwer beschädigt und 1963 bis auf das mit Erde zugeschüttete Kellergeschoß abgetragen.

Das neuerrichtete Kanzleihaus von Südosten.
Rechts erkennbar ist das Portal von der Schössergasse zum Stallhof.

Das neuerrichtete Kanzleihaus vom „Auftritt" zum ersten Obergeschoß des Stallgebäudes/Johanneums aus gesehen

Schloßplatz Als AUGUST DER STARKE 1719 seine privaten Wohnräume im Georgenbau bezog, erhoben sich direkt vor seinem Appartement zur Elbe hin noch die Münze und das Brückentor aus dem 16. Jahrhundert sowie Teile der Wallanlagen. Bereits diese Bauten waren auf einem Terrain errichtet worden, das erst durch Aufschüttung des Elbufers gewonnen worden war. So befinden sich heute noch Bogen der mittelalterlichen Elbbrücke unterhalb der erhaltenen Grundmauern des ursprünglichen Georgenbaues. Der heutige Schloßplatz geht auf AUGUST III. zurück. 1738 ließ der Kurfürst-König durch erneute Aufschüttungen und den Abriß der genannten Bauten den Baugrund für die katholische Hofkirche schaffen und gleichzeitig eine Fläche anlegen, die dem Sakralbau und dem Schloß als repräsentativer Vorplatz dienen konnte. Zugleich sollte der Platz städtebaulich die bereits von seinem Vater geplante promenadenartige Verbindung zwischen der Residenzstadt und der gegenüberliegenden „neuen Königsstadt", der heutigen Neustadt, vollenden.

Seine heutige Form erhielt der Schloßplatz zu Beginn des 20. Jahrhunderts. Als die Arbeiten an der späthistoristischen Fassade des Georgenbaues noch im Gange waren, entstand schräg gegenüber zwischen 1900 und 1907 nach Plänen von PAUL WALLOT, dem Architekten des Berliner Reichstagsgebäudes, das neue Ständehaus des Königreichs Sachsen als östlicher Abschluß der Platzanlage. Vor dem Parlamentsgebäude wurde 1906 das bronzene Reiterdenkmal des Königs ALBERT aufgestellt. Um das Landtagsgebäude errichten zu können, waren das Palais Fürstenberg und das Palais Brühl abgerissen worden. Das Brühlsche Palais war seit 1740 als bedeutender Bau des Rokoko entlang der Augustusstraße entstanden und diente dem einflußreichen Premierminister AUGUSTS III. als Wohn- und Repräsentationsbau. Die zeitgleich mit dem Palais auf dem Elbwall angelegte Gartenanlage, die Brühlsche Terrasse, wurde 1814 im Auftrag des russischen Gouverneurs Fürst REPNIN zum Schloßplatz hin durch eine heute 30 m breite Freitreppe für die Allgemeinheit geöffnet.

Der Schloßplatz von der Treppe zur Brühlschen Terrasse aus. Links das ehemalige Landtagsgebäude

Die Hofkirche

Hofkirche – Außenbau

Die katholische Hof- und Pfarrkirche Sanctissimae Trinitatis gehört mit einer Fläche von gut 4793 qm zu den größten Kirchenbauten Deutschlands. Städtebaulichen und missionarischen Gesichtspunkten folgend wurde der grandiose Bau nach Südwesten ausgerichtet und im spitzen Winkel vor die Elbfront des Schlosses gestellt. So wirkte der fast in der Achse der Schloßstraße stehende Kirchturm zugleich zur Stadt hin wie auch zur Elbbrücke. Der Schloßturm, das Würdezeichen der Kurfürsten von Sachsen, und der Turm der katholischen Hofkirche wurden optisch bewußt zusammengeführt. Die hochaufragende Längsseite des majestätischen Gebäudes läßt die Elbfassade des Königsschlosses, die über Jahrhunderte die Ansicht Dresdens geprägt hatte, als Hintergrund für das Gotteshaus erscheinen.

Der Bau ist das Hauptwerk des Architekten GAETANO CHIAVERI. Am 28. Juli 1739 wurde der Grundstein für den Sakralbau gelegt, der bis zur Weihe des Hauptaltars am 29. Juni 1751 zum glanzvollsten Zeugnis des römischen Spätbarock nördlich der Alpen und einem Baukunstwerk von europäischem Rang emporwuchs. In der kühnen Gestaltung der Baumassen wie der Einzelformen folgt die Basilika mit ihrem weit überhöhten Mittelschiff und einem in den oberen Geschossen getrennt errichteten, 85,5 m hohen Turm der italienischen Tradition. Gleichzeitig orientiert sie sich in ihrem Inneren an der 1710 vollendeten Hofkirche von Versailles. Am Bau waren mehr als 1700 Maurer, Zimmerleute und Handlanger betei-

Auf einem engen Baugrund zwischen dem Schloß und der Elbbefestigung wurde die Hofkirche von G. Chiaveri geschickt eingepaßt, so daß das katholische Gotteshaus die Elbfront des königlichen Schlosses zu beherrschen scheint.

ligt. Die Baukosten betrugen 907 000 Taler und damit etwa das dreifache der 1743 vollendeten lutherischen Frauenkirche, in deren Konkurrenz sie entstand.

Die viergeschossige Turmfront mit ihrer grazilen Eleganz und majestätischen Wirkung wurde erst nach dem Weggang CHIAVERIS vollendet und ist ein Werk des Dresdner Architekten JULIUS HEINRICH SCHWARZE. 1755 wurde als Abschluß die krönenden Zwiebelkuppel aufgesetzt. Durch die Anbringung des kurfürstlich-königlichen Wappens im ersten Obergeschoß, das von den Liegefiguren des Glaubens und der Gerechtigkeit flankiert wird, und der Dedikationsschrift im vierten Geschoß diente die zur Elbbrücke gerichtete Turmfront gleichermaßen als Glaubenbekenntnis und zur Selbstdarstellung der königlichen Familie.

Das Hauptschiff der einstigen Hofkirche und heutigen Kathedrale ragt hoch empor, die flach ansteigenden Dächer treten hinter den skulpturgeschmückten Balustraden bei der ebenerdigen Betrachtung kaum in Erscheinung.

Hofkirche – Außenskulpturen

Die katholische Frömmigkeit und der gegenreformatorische Eifer, die den sächsisch-polnischen Kurfürst-König und seine habsburgische Gemahlin zum Bau der Hofkirche bewogen haben, wird nach außen durch ihren hervorragenden Skulpturenschmuck dokumentiert. Dieser wurden nach Tonmodellen des aus Wien nach Dresden berufenen LORENZO MATIELLI gefertigt.

Auf den Balustraden, die die flachen Dächer der niedrigen Seitenschiffe und das hoch aufragende Mittelschiff abschließen, sowie um das dritte Geschoß des Turmes herum stehen insgesamt 59 Heiligenstatuen von jeweils ca. 3,50 m Höhe. 19 weitere Heilige schmücken, eingestellt in Nischen, die Außenwand der Kirche. Das komplizierte, predigtartige Figurenprogramm widmet sich mit seiner „communio sanctuorum" der Universalität und Recht-

Die erneuerte Statue des hl. Laurentius an der südwestlichen Balustrade des Seitenschiffes

gläubigkeit der katholischen Kirche. Es wurde von der Königin MARIA JOSEPHA, ihrem Jesuitenpater und dem Baumeister entwickelt und ist heute nicht mehr in allen Einzelheiten nachvollziehbar. Apostelfürsten, erste Märtyrer der Kirchengeschichte, Ordensgründer und -brüder, die vor allem dem Jesuitenorden angehörten, Märtyrer und Kirchenlehrer wechseln einander ab. Über dem zum heutigen Theaterplatz gewandten Chorbereich waren die von der königlichen Familie besonders verehrten Heiligen konzentriert. Fast alle der 78 von MATIELLI geschaffenen Monumentalskulpturen sind von hohem künstlerischen Niveau. Die teilweise klassisch-antiken Vorbildern verpflichteten, teilweise stark expressiven Skulpturen wurden vom Künstler bewußt aufeinander bezogen. Auf der Südseite, wo zwischen Hofkirche und Schloß nur ein schmaler Raum Platz zur Betrachtung läßt, hat er die Figurenreihe auf Schrägansicht konzipiert. Trotz der starken Beschädigung des Sakralbaues während der Bombardierung Dresdens haben sich 63 Figuren im Original erhalten und mußten nur teilweise ausgebessert werden. 15 Figuren sind Kopien.

Schloßseitige Fassade der Kirche mit dem Übergang zwischen den beiden Gebäuden

**Hofkirche
– Innen**

Der Innenraum der Hofkirche überrascht durch seine kühle Strenge, die von den ästhetischen Idealen des französischen Barockklassizismus beeinflußt wurde. Formal erscheint das Kircheninnere als fünfschiffige Anlage mit Umgang und Kapellenkranz. Das rechteckige Mittelschiff, das vom Hauptaltar und vom Orgelbereich abgeschlossen wird, bildet auch funktional das Zentrum des Sakralbaus. Es vereinte die Aufgaben einer Hof- mit denen einer Pfarrkirche. Die Wände des 52,36 m langen und 32,20 m hohen Raumes werden im Untergeschoß durch Pfeiler und im Obergeschoß durch 11 m hohe Dreiviertelsäulen plastisch gegliedert. Die offenen Bogenstellungen des Obergeschosses sind links und rechts des Hochaltars durch vier für den Hof bestimmte Oratorien geschlossen. Der niedrige Prozessionsumgang, der das Mittelschiff ringförmig umgibt, war liturgisch notwendig, da der katholischen Gemeinde in Dresden von der lutherischen Bürgerschaft öffentliche Prozessionen verweigert wurden. Die lichten Seitenschiffe und die vier Eckkapellen der Schmalseiten übernahmen zusätzliche Funktionen der Liturgie. Von ihnen sind die Kreuz- und die Sakramentskapelle mit Stuckmarmor und reizvollem figürlichen und ornamentalen Schmuck besonders prächtig gestaltet.

Im Kircheninneren offenbart sich aber auch, daß die Hofkirche letztlich nie vollendet wurde. So blieb die vorgesehene spätbarock-illusionistische Deckenausmalung nur Planung. Die Geschichte des monumentalen Hauptaltargemäldes von Anton Raphael Mengs, das die Dreieinigkeit Gottes durch die Himmelfahrt Christi, den Gottvater und den heiligen Geist symbolisiert, ist bezeichnend. Im Jahr der Altarweihe 1751 vom König in Auftrag gegeben, wurde es 1752–61 in Rom gemalt, 1765 in Madrid vollendet und erst 1766, drei Jahre nach dem Tod des Auftraggebers und dem Ende des Siebenjährigen Krieges nach Dresden geliefert. Von Mengs waren 1750 auch die beiden Seitenaltäre des Mittelschiffes geschaffen worden, die Maria und Joseph, den Namenspatronen der Königin Maria Josepha, gewidmet sind.

1945 stürzte das Mittelschiffgewölbe und ein Teil der nordwestlichen Hochschiffwand ein. Weitgehend verloren sind die barocke Ausmalungen der Kuppeln der Seitenkapellen. Erhalten blieben allerdings deren Altarbilder.

Als die einstige Hof- und Pfarrkirche 1981 zur Kathedrale des Bistums Dresden-Meissen erhoben wurde, legte man eine Bischofsgruft neben den vorhandenen Grufträume des Hauses Wettin an. Unterhalb der Sakramentskapelle im Südwesten der Kirche befindet sich die ursprünglich königliche Grablege, die gleichzeitig mit dem

Die von B. Permoser und J. J. Hackl geschaffene Kanzel im nördlichen Hauptschiff der Kirche

Kirchenbau entstand. Hier fand die Urne mit dem Herz AUGUSTS DES STARKEN ihre Aufstellung. Sein Körper ruht, der Tradition der polnischen Könige entsprechend, in der Kathedrale von Krakau. Sein Sohn und dessen Gemahlin fanden in der Dresdner Hofkirche ihre letzte Ruhestätte.

Hofkirche – Ausstattung

In der Kirche haben sich aufgrund einer 1943 erfolgten Sicherstellung bedeutende Kunstwerke erhalten. Seit der Erbauung der Hofkirche befand sich der aus Salzburger Marmor geschaffene Christus an der Geißelsäule in der königlichen Gruft. Dieses Hauptwerk BALTHASAR PERMOSERS entstand 1721 und stammt aus der seit 1707 von AUGUST DEM STARKEN im einstigen „Comödienhauß" eingerichteten ersten katholischen Hofkirche des Dresdner Schlosses. Dort war die Skulptur hinter der Taufe aufgestellt. Der dazugehörige, 1721 von PERMOSER gearbeitete Taufstein aus verschiedenfarbigem Cararamarmor wurde ebenfalls in die neue Hofkirche umgesetzt und am Nordostende des rechten Seitenschiffes aufgestellt.

Aus der Ausstattung des Vorgängerbaus stammt außerdem der von PERMOSER üppig mit Engeln und den Leidenswerkzeugen Christi geschmückte Korb der Kanzel. 1710 geschaffen und 1723 zusätzlich vom Künstler mit den vier Evangelisten versehen und neu gefaßt, wurde die Kanzel zwischen 1751 und 1753 in der Hofkirche AUGUSTS III. von JOHANN JOSEPH HACKL durch Trageengel, eine

Die 200 cm hohe hölzerne Skulptur des hl. Ambrosius stammt von B. Permoser und wurde 1725 für den Altar der ersten Hofkirche geschaffen.

Treppe und einen gleichfalls reich verzierten Schalldeckel ergänzt. PERMOSER schuf 1725 aus Lindenholz die Figuren der Kirchenväter Ambrosius und Augustinus. In der ersten Hofkirche rahmten diese monumentalen Holzskulpturen den der Dreifaltigkeit geweihten Hauptaltar ein. 1982 kehrten sie aus Bautzen nach Dresden in die Kathedrale zurück und fanden 1987 ihre Aufstellung unter der Orgelempore. Das Bild des Hauptaltares der ersten Hofkirche, das von GIOVANNI ANTONIO PELLEGRINI stammt, befindet sich heute hinter dem Hauptaltar von MENGS im Prozessionsumgang.

Zur Vielzahl der bedeutenden Kunstwerke, die in der heutigen Kathedrale vereint sind, gehört auch die 1750 begonnene Orgel von GOTTFRIED SILBERMANN. Er hat sie als sein letztes Werk entworfen. Vollendet wurde das berühmte Instrument 1754, ein Jahr nach dem Tod SILBERMANNS, durch seinen Schüler ZACHARIAS HILDEBRAND. Der Orgelprospekt, den der Holzbildhauer HACKL gefertigt hatte, ging 1945 verloren und wurde dem Original entsprechend nachgestaltet. Die originalen Pfeifen waren 1943 ausgelagert worden und konnten beim Neubau des Instruments wiederverwendet werden.

Taschenbergpalais – Mittelbau

Das Taschenbergpalais war eines der größten und bedeutendsten Palaisbauten des alten Dresden. Der umfangreiche Baukomplex vereint bis heute Bauteile von europäischem Rang, die zwei Stilepochen des 18. Jahrhunderts angehören. Das spätbarocke Hauptgebäude mit seiner 48 m langen Fassade zur Gasse Am Taschenberg entstand zwischen 1705 und 1708 als Stadtpalais für ANNA CONSTANZE VON HOYM – seit 1707 Reichsgräfin COSEL –, der langjährigen Maitresse AUGUSTS DES STARKEN und Mutter dreier seiner Kinder. An den Seiten und zur Kleinen Brüdergasse wurde der Neubau ursprünglich durch umgebaute Teile älterer Häuser zu einem Geviert ergänzt. Das Hauptgebäude war das erste größere Bauwerk, das AUGUST DER STARKE in Dresden realisieren ließ. Vor allem der Mittelteil der rhythmisch unterteilten Hauptfassade wird durch zartes, bewegt gestaltetes Stuckornament aus Bändern, Ranken- und Blattgehängen festlich geschmückt. Plastizität erhält die flach gehaltene Fassade durch das Mittelportal mit seinen schräggestellten Säulen und dem darrübergelegenen, vorschwingenden Balkonen. Dieses mittlere von drei Portalen diente als Durchfahrt zum zunächst noch unregelmäßig geformten Innenhof. Durch jeden der drei Eingänge gelangte man in ein eigenes Vestibül und von dort in einen Verbindungsgang, der das gesamte Untergeschoß in seiner Länge durchzieht. Das Zentrum dieses fürstlichen Entrees bildet heute wieder eine doppelläufige Treppenanlage, die zu den künstlerisch bedeutendsten im Dresden des 18. Jahrhunderts zählt.

Bei der Wiedererrichtung des Taschenbergpalais entstand auch erneut das berühmte zweiteilige Treppenhaus im Hauptvordergebäude.

Der Beginn der Geschichte des Taschenbergpalais als „Gräfflich Coßelisches Hauß" wird an der östlichen Schmalseite des Hauptgebäudes erkennbar. Dort befand sich ursprünglich ein vorgelagerter kleiner Garten mit Wasserspiel und Gartenhaus. Darauf nimmt die feine Stukkatur am dreiachsigen Mittelrisalit bezug, die aus blütenbekrönten Frauenköpfen und einer große Muschel besteht. Die Kartusche über dem mittleren Fenster des zweiten Obergeschosses bekrönt eine Grafenkrone, ein letzter Hinweis auf die Reichsgräfin Cosel.

Diese war 1713 in Ungnade gefallen. 1715 nahm AUGUST DER STARKE ihr Palais in seinen Besitz und ließ es im Inneren zum „Türkischen Haus" umgestalten. Es diente ihm über mehrere Jahre für Hoffestlichkeiten sowie als Wohnsitz anderer Maitressen und wichtiger Hofangestellter. 1718 wurde es zum Palais des Kurprinzen umgebaut, was es bis 1918 blieb. Vielfache Neueinrichtungen und Umgestaltungen hatten es in seinem Inneren weitgehend verändert, als es 1945 zerstört wurde. Der sorgfältige Wiederaufbau zum „Grandhotel Taschenbergpalais Kempinski Dresden" und die damit einhergehende Rekonstruktion eines Teils seines inneren Gefüges erfolgte zwischen 1992 und 1995. Sie kostete rund 250 Millionen DM.

Ansicht des Taschenbergpalais vom Vorplatz, auf dem sich bis 1888 der Baukörper des einstigen „Comoedienhaußes" von W. C. von Klengel erhob. Das Taschenbergpalais erhielt zwischen 1705 und 1767 seine heutige monumentale Ausdehnung.

**Taschenbergpalais
– Erweiterungsbau**

Die Urheber der großangelegten Erweiterung des Taschenbergpalais zum glanzvollen Fürstensitz des Rokoko waren Kurprinz FRIEDRICH CHRISTIAN, Sohn AUGUSTS III., und seine Gemahlin MARIA ANTONIA VON BAYERN. 1756, im Jahr des Ausbruchs des Siebenjährigen Krieges, begannen die Bauarbeiten. Damit erhielt das einstige Kronprinzenpalais seine heutigen Ausmaße.

Als erstes wurde nach Entwürfen des Architekten JULIUS HEINRICH SCHWARZE das westliche Seiten- und Flügelgebäude mit davor gelegenem Ehrenhof bis Dezember 1757 errichtet. Ihm fiel das frühbarocke Ballhaus zum Opfer, das zuvor an gleicher Stelle gestanden hatte. SCHWARZE schuf eine baukünstlerisch bedeutende Lösung für den Ehrenhof, der mit dem spätbarocken Hauptgebäude eine harmonische Verbindung eingeht. Die Mittelachse der kühl-vornehme Rokokoarchitektur wird durch die große Wappenkartusche mit kurfürstlich-königlichem Wappen hervorgehoben. Durch die vergoldeten Ziergitter der rundbogigen Mittelfenster erreichte SCHWARZE die Wirkung höchster Eleganz. Die Seiten des zur Straße durch ein kunstvolles Gitter abgeschlossenen Ehrenhofes gewinnen durch die Eckausrundungen, die im vierten Geschoß als flache Austritte gebildet sind, eine beschwingte Fassadenführung. Erst beim Betreten des Vorhofes wird man der beiden aus Felsen und Muschelwerk gebildeten Brunnen gewahr, die von einem Triton auf der Seite zum Zwinger und von einer Nereide nach dem Schlosse hin beherrscht werden. Sie stammen ebenso wie die Putten auf den zur Straße hin liegenden Wandpfeilern von GOTTFRIED KNÖFFLER.

Der vom Bildhauer G. Knöffler geschaffene Nereidenbrunnen im westlichen Ehrenhof

Bis zu seiner völligen Erblindung im Jahre 1764 entwarf SCHWARZE den großen, regelmäßig geformten Innenhof mit seiner prachtvoll-elegante Hoffassade am Haupthintergebäude. Die Hauptfassade wird von einem reizvollen Rokokogiebel bekrönt, den die Statuen des Mars und der Minerva einrahmen. Erneute Ausrundungen an den Ecken führen zur symmetrischen Vereinheitlichung des nicht ganz rechteckigen Hofes. Acht überlebensgroße, laternentragende Hermenskulpturen verleihen dem zentralen Hof einen besonderen Charakter. Als der Innenhof nach Ende des für Sachsen verheeren-den Krieges als eine der besten künstlerischen Leistungen des Dresdner Rokoko Gestalt annahm, war MARIA ANTONIA bereits verwitwet und alleinige Bauherrin. Sie veranlaßte, daß östlich des Hauptgebäudes ein weiterer, dem westlichen weitgehend entspre-chender Ehrenhof erbaut wurde, der allerdings zurückhaltender geschmückt war. Zahlreiche Räume ihrer Residenz erhielten damals prachtvolle Rokokointerieurs, einige unter dem Einfluß des bayeri-schen Rokoko. Als einziges hatte sich davon bis zum Zweiten Weltkrieg die 1764-65 zusammen mit dem neuen Haupthinter-gebäude entstandene Hauskapelle erhalten. Ihr Interieur, eine der reifsten Leistungen des Rokoko in Sachsen, ging 1945 verloren

Der große Innenhof des Taschenbergpalais gehört zu den bedeutendsten architekto-nischen Leistungen des Rokoko in Dresden.

Taschenbergpalais

Zwinger

Die Sophienstraße entstand erst in den 20er Jahren des 19. Jahrhunderts und erschloß den westlichen Residenzbezirk für die Bürger der Stadt Dresden.

Die Langgalerie des Zwingers mit dem Kronentor erheben sich auf den Mauern der in der Mitte des 16. Jahrhunderts unter Kurfürst Moritz entstandenen Festungsanlage.

172

Mit der umfangreichen
Rekonstruktion des
Pöppelmannschen Zwinger-
gartens zu Beginn des 20.
Jahrhunderts erhielt der
Innenhof des Gebäude-
komplexes seine heutige
Gartengestaltung.

Vom einstigen Befestigungswall aus wird die ursprüngliche Funktion des großartigen
Festsaals des Wallpavillons als
Belvedere noch erlebbar.

Die mit dem Wallpavillon überbaute Treppenanlage, das älteste architektonische Element des Zwingers, erschließt die einstmals als Orangerie genutzte Bogengalerie.

An keinem anderen Ort Dresdens wird zu jeder Tageszeit der Geist der höfischen Architektur der Zeit Augusts des Starken so wunderbar erlebbar, wie im Zwinger.

Zwinger – Westseite Die Geschichte des Zwingers begann 1709, als AUGUST DER STARKE einen Teil des inneren Festungswalls an der Bastion Luna halbrund in vier Ebenen terrassieren ließ, um dort Orangenbäume aufzustellen und ein Orangeriegebäude zu errichten. Erhalten hat sich davon nur die halbrunde Form der Bogengalerie im Westen des späteren „Königlichen Zwingergartens" und Teile der großen, später durch den Wallpavillon überbauten Treppe. Bis 1728 erlebte der Zwingerhof vier Planungsänderungen, die bei der heute als vollkommen empfundenen Gestaltung dieses spätbarocken Festplatzes kaum mehr erkennbar sind. Nach dem Entwurf des Oberlandbaumeisters MATTHÄUS DANIEL PÖPPELMANN und unter der bildhauerischen Oberleitung BALTHASAR PERMOSERS entstand eines der bekanntesten Werke der europäischen Baugeschichte.

1711 begann der Bau einer bogenförmigen Orangerie, die von der vorhandenen Treppe unterbrochen wurde und an die sich beidseitig Pavillons anschlossen (heute Mathematisch-Physikalischer und Französischer Pavillon). Damit entstand ein Gebäudekomplex, der über die Funktion einer Orangerie hinausging, da die Pavillons in ihren Obergeschossen als Festsäle genutzt wurden. Zu diesem Zweck erhielten sie nach 1717 eine reiche Ausstattung mit allegorischen Deckengemälden und Marmorverkleidungen. Der Mathematisch-Physikalische Pavillon, der als erster errichtet wurde, bezieht sich mit seinem Fassadenschmuck, in den doppelköpfigen Reichsadler eingefügt sind, auf das Vikariat AUGUSTS DES STARKEN nach dem Tode Kaiser JOSEPHS I. Der weitere, sehr reiche Bauschmuck vermittelt eine von Göttern, Putti, Musikern und Schäfern bevölkerte arkadisch-paradiesische Atmosphäre. Den Pavillons sind festliche Treppenanlagen vorgelagert, die jeweils zu einer Terrasse führen. Zum bestimmenden architektonischen Motiv des Zwingers wurde die Arkadenreihung durch große Bogenfenster. Sie umzieht in nobler Proportion das gesamte Untergeschoß der Bogengalerien und der Pavillons und wird auch in deren Obergeschossen aufgenommen. An den Wandpfeiler der Bogengalerien wurden Flächen angebracht, die zur Aufstellung von Orangenbäumen gedacht waren. Als Träger dienten Faune und Satyrn, die jeweils mit Konsolen abwechseln, die mit grotesken Köpfen geschmückt sind.

Die südwestliche Langgalerie
und der Pavillon mit dem
mathematisch-physikalischen
Salon. Im Vordergrund die
erneuerte Skulptur des 1718
bis 1719 von J. J.
Kretzschmar geschaffenen
Tamburinschlägers am
Kronentor

Blick aus dem Obergeschoß
des Kronentors zum
Französischen Pavillon

**Zwinger
– Nymphenbad**

In der Konzeption des „Königlichen Zwingergartens" kommt der Wasserkunst eine prägende Bedeutung zu. Bereits im ersten der errichteten Pavillons, dem heutigen Mathematisch-Physikalischen Salon, befand sich im Untergeschoß ein Grottensaal. Dort standen in Nischen zwischen drei Brunnenfontänen großformatige Statuen des Apoll und der Minerva von PERMOSER. Die Grottenanlage wurde 1813 entfernt. Die Skulpturen befinden sich heute in der Dresdner Skulpturensammlung.

Das Untergeschoß des nordwestlichen Pavillons diente als Foyer zu einer noch eindrucksvolleren Grottenanlage, die sich unter freiem Himmel befindet: dem Nymphenbad. Den Scheitel des Nymphenbades beherrscht eine große Wasserkaskade mit einem Delphinbrunnen, der von einem wasserspeienden Triton von BENJAMIN THOMAE und einer Nymphe von JOHANN JOACHIM KRETSCHMAR flankiert wird. Zwei kunstvoll gebrochene Treppenläufe führen auf den Wall, auf dessen Höhe zwei Figurengruppen von CHRISTIAN KIRCHNER, Neptun und Amphi-

Vier Nymphen von der Südseite des Nymphenbades. Von links nach rechts von B. Permoser „Nymphe mit der Muschel", „Nymphe, die vom Bade kommt" und „Nymphe, die zum Bade geht", ganz rechts B. Thomae „Nymphe"

trite sowie Triton und Nereide, die großartige Wasserkunst bekrönen. In Fontänen hervorspringendes Wasser, rinnendes Wasser, symbolisiert im Tropfsteinrelief des Wandschmucks sowie stehendes Wasser im mittleren Wasserparterre werden im Nymphenbad zu einer Symphonie vereint. Der intime quadratische Hof des Nymphäums wird von sechzehn Nymphen in rundbogigen Nischen umzogen. Aus der Entstehungszeit haben sich nur die Nymphen auf der Südseite erhalten. Sie stammen vom Hofbildhauer PERMOSER und anderen Bildhauern des sächsischen Spätbarock. Die Nymphen der Nordseite waren weitgehend verloren und wurden 1927/28 bei der großen Zwingerrekonstruktion in den Werkstätten von WRBA, POLTE und HÖFER zum Teil ohne Rücksicht auf die Vorbilder neu geschaffen.

178

Der Französische Pavillon als Foyer zum Nymphenbad. In den Nischen der Südwand befinden sich die erhaltenen barocken Skulpturen des Nymphäums.

Die Kaskade des Nymphenbades mit den Quellnymphen und dem Delphinbrunnen

Zwinger – Wallpavillon

Der Wallpavillon entstammt der 1714 einsetzenden dritten Phase der Zwingerplanung und wurde zwischen 1715 und 1718 in seinem Äußeren vollendet. Mit diesem Bauwerk erreichte PÖPPELMANN als Architekt den Höhepunkt seines gestalterischen Schaffens. Gleichzeitig wurde das Zusammenwirken zwischen Baukunst und Bildhauerei im Zwinger zum Zenit geführt. Als zentraler Pavillon der nach Nordwesten gerichteten Hauptseite erscheint der Wallpavillon wie ein kostbares architektonisches „Juwel". Die einzigartige Verbindung von repräsentativer Treppenanlage und Festsaal, die Bewegtheit des Aufbaues und der außerordentliche Reichtum des Bauschmucks machen ihn zu einem der bedeutendsten Kunstwerke europäischer Architektur.

Der Bau ruht auf einem ausschwingenden Treppenplateau. Durch fünf unterschiedlich große Portale öffnet sich das Foyer zum zweigeteilten Treppenhaus. Unter Einbeziehung der älteren Freitreppe erschließt es die Bogengalerien und führt zugleich in subtiler Bewegung auf den Wall. Durch den festlichen Treppenraum empor zuschreiten gehört noch heute zu den großen Erlebnissen eines Besuchs im Zwinger. Auf dem Wall befindet sich der Eingang zum ovalen Festsaal, dessen Innenwände durch zehn große Fenster fast gänzlich in Glas aufgelöst werden. Diesem Festsaal liegt der Zwingergarten zu Füßen. Gleichzeitig thront er wie ein Belvedere auf der Mauerkrone und ermöglichte einstmals einen unverbauten Blick nach Westen in Richtung zum Ostragehege.

Die Hülle des Bauwerks ist in einen dynamischen Wechsel sich vor und zurück wölbender Öffnungen und Pfeiler aufgefaltet. Das architektonische Thema der Offenheit und Leichtigkeit wird durch den lebensfrohen Bildschmuck der unteren Geschoßebene aufgenommen. Im Portalbereich symbolisieren die Satyrhermen, die steinerne Blumenvasen stützen, die vitalen Kräfte der Natur. Die westliche Gruppe hat PERMOSER 1718 selbst geschaffen. In symbolischer Form durchdringen sich in der Giebelzone über dem Festsaal die Welten antiker Mythologie und zeitgenössischer Politik, um über dem Giebel mit dem polnisch-litauischen Königswappen des Hauses Wettin im bekrönenden Herkules Saxonicus AUGUST DEM STARKEN zu huldigen. Der Herkules ist die einzige Skulptur des Zwingers, die PERMOSER signierte. Die Darstellung des Urteils des Paris rahmt die Wappenkartusche im Giebel ein. Die daran anschließenden Skulpturen der vier Winde sollten den Ruhm des Herrschers, den die Fama links des Wappens verkündet, in alle Weltteile tragen.

Der im Zweiten Weltkrieg schwer beschädigte Wallpavillon wurde zwischen 1962 und 1964 wiederhergestellt und dabei die Freiplastiken durch Kopien ersetzt. Die originalen Reste der Kunstwerke von PAUL HEERMANN, JOHANN CHRISTIAN KIRCHNER, JOHANN BENJAMIN THOMAE und BALTHASAR PERMOSER sollen später wieder ausgestellt werden.

Den Wallpavillon bekrönt der zwischen 1716 und 1718 von B. Permoser geschaffene „Hercules Saxonicus".

Daß die Errichtung der Langgalerie zwischen 1714 und 1715 einer Planungsänderung zu Grunde liegt, wird vor allem an ihrer Außenseite zum Wallgraben deutlich. Das fragile Orangeriegebäude, das allen militärischen Maximen trotzt, orientiert sich nicht an der vorhandenen Festungsmauer der Bastion Luna, über der es leicht schräg erbaut wurde, sondern folgt der Geometrie des bereits vorhandenen nordwestlichen Zwingergebäudes. In seiner Mitte erhebt sich das Kronentor. Es entstand als „Erstes Portal" des 1714 geplanten neuen Schloßbezirks. Der Baukomplex im späteren Zwingergarten sollte zu diesem Zeitpunkt den künftig zu errichtenden Schloßanlage und ihrem Park als südlicher Vorhof dienen.

In seiner kraftvollen Gestalt wurde das Kronentor vom italienischen Hochbarock beeinflußt. Es verbindet die Funktionen eines Torturms mit dem einer Ehrenpforte. Ikonograhisch ist das Kronentor mit dem etwas später entstandenen Wallpavillon eng verbunden. Gesprengte Giebel, die auf Doppelsäulen ruhen, schmücken das Triumphportal. Zwischen ihnen angebrachte Schlußsteine zeigen grabenseitig den Kopf des Herkules und zum Hof hin den einer weiblichen Allegorie auf Polen-Litauen. Das darüber aufragende offene Turmgeschoß verleiht dem Bau eine grazile Leichtigkeit. Die mächtigen Schlußsteine dieses Bogengeschosses, die zu den Hauptseiten das königliche Wappen und der Namenszug AUGUSTS DES STARKEN zieren, leiten zu einem kraftvollen Gesims mit vier Giebeln über. Die in vergoldetem Kupferblech getriebene zwiebelförmige Kuppel endet in einem Kranz von vier polnischen Adlern und der Königskrone.

Den rundbogigen Durchgang flankieren in verzierten Nischen auf der Seite zum Graben Vulkan (links) und Bacchus (rechts), auf der Hofseite Ceres (links) und Pomona (rechts), allesamt Skulpturen von hoher Qualität. Auf dem Hauptgesims stehen zwischen vierzehn Vasen zwölf Statuen mythologischer Gestalten, die sich auf Herkules und die vier Jahreszeiten beziehen.

Die Hofseite der Langgalerie nimmt den architektonischen Rhythmus der nordwestlichen Bogengalerien wieder auf. Auf Konsolen für Orangebäume wurde hier allerdings zugunsten von zehn mehrschaligen Brunnen, die Tritone und andere Meeresbewohner bevölkern, verzichtet. Dazwischen gesetzte Sockelplatten mit steinernen Tropfen verstärken den Eindruck einer Grottenwand. Die ursprünglich mit Holzbohlen abgedeckten Galerien des Zwingers wurden 1722 eingewölbt. Dadurch wurde ihr flaches Dach begehbar. Die im 19. Jahrhundert von der Balustrade entfernten Vasen und Figurengruppen fügte man bei der großen Zwingerrekonstruktion im Jahre 1926 wieder hinzu.

Das Kronentor war ursprünglich als festlicher Eingang zur gesamten Residenzanlage vorgesehen. Ansicht von der Brücke über den Wallgraben

Die erneuerte Skulptur des 1714 bis 1715 von J. J. Kretzschmar geschaffenen Bacchus an der Stadtseite des Kronentores

Der Stadtpavillon wurde erst lange nach dem Tode Augusts des Starken fertiggestellt und erhielt nach 1785 und im 19. Jahrhundert seinen heutigen Skulpturenschmuck.

Der Stadtpavillon besitzt heute wieder, wie einst von August dem Starken geplant, sein Glockenspiel aus Meissner Porzellanglocken, das im Sommer viermal täglich zu hören ist.

Für die im gleichen Jahr stattfindende Hochzeit des Kurprinzen FRIEDRICH AUGUST mit der Erzherzogin MARIA JOSEPHA VON HABSBURG ließ AUGUST DER STARKE 1719 den bisher offenen „Königlichen Zwingergarten" zu einem in sich geschlossenen Festplatz umwandeln. Die bestehenden Pavillons mit den verbindenden Bogengalerien und der zentrale Wallpavillon wurden dazu stadtseitig wiederholt. Die Längsfront zur Elbe schloß eine hölzerne Tribüne, in der gegenüber dem Kronentor die Königsloge aufgerichtet war. Die neue Anlage bestand aus Holzbauten, die eine Sandsteinverblendung erhielten. Der heutige Porzellanpavillon diente dabei als Foyer des gleichzeitig dahinter errichteten Pöppelmannschen Opernhauses, der Deutsche Pavillon wurde in gleicher Weise für den großen Festsaal der Redoute genutzt. Bis 1728 konnten dann diese Zwingerbauten der vierten Bauphase in Stein ausgeführt werden. Auf die kostenträchtige Vollendung der bildhauerischen Arbeiten mußte AUGUST DER STARKE allerdings verzichten. Auch die an der Außenseite des Stadtpavillons von PÖPPELMANN vorgesehene mächtige zweiläufige Treppenanlage, durch die der Festsaal im Obergeschoß von der Seite des Taschenbergpalais' aus erschlossen werden sollte, blieb ein Rohbau. Der stadtseitige Teil des Zwingers hinterließ deshalb bis zum Ende des 18. Jahrhunderts einen unvollkommenen Eindruck. 1783 bis 1793, als der seit 1728 zum „Palais Royale des Sciences" und somit zum Museumszentrum der sächsischen Herrscher umgewidmete Festhof erstmals umfangreich erneuert werden mußte, schufen Bildhauer des Frühklassizismus aus den in rohem Zuschlag stehen gebliebenen Steinen baugebundene Bildwerke im Geiste des Spätbarock.

Der stadtseitige Bereich des Zwingers hat im 19. Jahrhundert umfangreiche Veränderungen erlebt. Während der Mairevolution 1849 erlitt er große Schäden. Das Opernhaus brannte ab, vom Porzellanpavillon, dem Stadtpavillon und der anschließende Bogengalerie standen nur noch die Mauern. Beim unverzüglich einsetzenden Wiederaufbau entstand die Stadtseite des Zwingers in ihrer heute bestehenden Form. Gleichzeitig wurden an der Sophienstraße die östlichen Anbauten für museale Zwecke errichtet. Damals schuf man das heute noch vorhandene Skulpturenprogramm, das die Giebel des Stadtpavillons ziert.

Theaterplatz

Das Gelände, das der Theaterplatz einnimmt, wurde zwischen 1569 und 1574 als Teil des Residenzbezirks angelegt. Damals ließ Kurfürst AUGUST den bereits bestehenden Festungsgürtel um 100 m nach Westen verlegen und schuf so eine Freifläche zwischen dem neuen Wall, dem Schloß und der Elbe, die mit dem militärischen Namen Zwinger bezeichnet wurde. Im 17. Jahrhundert entstanden auf dieser großen Fläche neben einer Gartenanlage mehrere zum Teil bedeutende Bauten, die dem höfischen Zeitvertreib dienten: das Schießhaus, das Reithaus und, in enger Anlehnung an das Schloß, das erste Operhaus Dresdens. Ungefähr auf Höhe des Einganges der Semperoper befand sich das befestigte Feuerwerksgewölbe.

Mit dem Wandel der höfischen Lustbarkeiten und nach der Errichtung des „Königlichen Zwingergartens" durch PÖPPELMANN verlor das elbseitig angrenzende Terrain an höfischer Bedeutung. AUGUST III. ließ auf dem Gelände des heutigen Theaterplatzes Wohnhäuser und Werkstätten für die zumeist italienischen Bauleuten und Handwerker errichten, die seit 1737 an der katholischen Hofkirche arbeiteten. Diese fast schon kleinstädtische

Der Theaterplatz gehörte einst zum Bereich des höfisch genutzten „Zwingers" und hat bereits eine 450jährige Geschichte als Festplatz hinter sich.

Ansiedlung wurde von den Dresdner Bürgern „Italienisches Dörf- chen" genannt, ein Name, den die 1911–13 durch HANS ERLWEIN erbaute Gaststätte übernommen hat.

Der Theaterplatz ist eine Schöpfung des 19. Jahrhunderts. Die weit- räumige Anlage am Rande der barocken Innenstadt Dresdens wird durch SEMPERS Museumsgebäude (1847–54) im Süden, dessen zweites Opernhaus (1871–78) im Westen und die barocke Hof- kirche, die mächtig aufragende historistische Fassade des Schlosses (1889–91) sowie die nach Plänen Schinkels errichtete Altstädter Wache (1830–32) im Osten begrenzt. Im Gegensatz zu den meisten bedeutenden Platzanlagen in Europa handelt es sich beim Theater- platz nicht um den Ausgangspunkt oder das Zentrum einer reprä- sentativen städtebaulichen Achse. Er ist vielmehr eine typisch Dresdnerische Bauschöpfung. Im Theaterplatz wird der seit Jahrhunderten herrschende Wunsch nach Festräumen deutlich, in denen sich das Leben glanzvoll feiern läßt. Für die Opern- und Museumsbesucher präsentiert sich der Theaterplatz gleichermaßen als ein würde- und stimmungsvolles Freiluftfoyer. Mit Anmut und Leichtigkeit öffnet sich der Festraum zur Elbe hin, keinerlei stören- de Bebauung hindert den Blick von einem der schönsten architek- tonischen Platzräumen Europas in das Elbtal.

Zwischen 1830 und 1832 wurde nach Entwürfen des Berliner Architekten K. F. Schinkel vom Baumeister J. Thürmer die „neue" Altstädter Wache errichtet, die heute auch als Schinkelwache bekannt ist.

Literatur

ASCHE, SIEGFRIED, *Balthasar Permoser und die Barockskulptur des Dresdner Zwingers*, Frankfurt am Main 1966

BÄCHTLER, HAGEN und SCHLECHTE, MONIKA, *Führer zum Barock in Dresden*, Dortmund 1991

Das Dresdner Schloß. Monument sächsischer Geschichte und Kultur, 3. Auflage, Dresden 1992

GLASER, GERHARD, *Denkmalpflegerische Aspekte bei der Sicherung des Dresdner Residenzschlosses*, in: Dresdner Hefte 9 (1986) 4, S. 66 - 80

GONSCHOR, BRUNHILDE, *Zur Herkunft der Gewölbestukkaturen des 16. Jahrhunderts im Dresdner Schloß*, in: Denkmalkunde und Denkmalpflege, Festschrift für Heinrich Magirius, Dresden 1995, S. 293 - 309

GROSS, REINER, *Johann Georg I. und seine Residenz im Dreißigjährigen Krieg*, in: Dresdner Hefte, 56 (1998) 4, S.13 - 20

GURLITT, CORNELIUS, *Beschreibende Darstellung der älteren Bau- und Kunstdenkmäler des Königreichs Sachse*n, Heft 22, Die Kunstdenkmäler Dresdens, Teil 2, Dresden 1901, S. 336 - 417

HECKMANN, HERRMANN, *Baumeister des Barock und Rokoko in Sachsen*, Berlin 1996

HEMPEL, EBERHARD, *Der Dresdner Zwinger. Ein Denkmal festlicher Kultur in der sächsischen Residenz*, Leipzig 1964

HERES, GERALD, *Der Zwinger als Museum. Aufstellung und Ausstattung der Sammlungen im 18. Jahrhundert*, in: Jahrbuch der Staatlichen Kunstsammlungen Dresden 12 (1980), S. 119 - 133

KIRSTEN, MICHAEL, *Neue Aspekte zur Baugeschichte des Wallpavillons im Dresdner Zwinger*, in: Jahrbuch der Staatlichen Kunstsammlungen Dresden 18 (1986), S. 41 – 53

KIRSTEN, MICHAEL, *Der Dresdner Zwinger*, in: Jahrbuch der Staatlichen Kunstsammlungen Dresden 19 (1987), S. 53 - 76

LAUNDEL, HEIDRUN, *Projekte zur Dresdner Residenz in der Regierungszeit Augusts des Starken*, in: Kurt Milde (Hrsg.), Matthäus Daniel Pöppelmann und die Architektur der Zeit Augusts des Starken, Dresden 1990, S. 250 - 255

LÖFFLER, FRITZ, *Das alte Dresden. Geschichte seiner Bauten*, Leipzig 1981

MAGIRIUS, HEINRICH, *Geschichte der Denkmalpflege*. Sachsen, Berlin 1989

MAGIRIUS, HEINRICH, *Das Renaissanceschloß Dresden als Herrschaftsarchitektur der albertinischen Wettiner*, in: Dresdner Hefte, 38 (1994) 2, S. 20 - 31

MARX, HARALD, *Matthäus Daniel Pöppelmann. Der Dresdner Zwinger*. Vom Festbau zum Museum, Frankfurt a.M. 2000

MAY, WALTER, *Architektur und Städtebau in Dresden während der zweiten Hälfte des 16. Jahrhunderts*, in: Dresdner Hefte 9 (1986) 4, S. 54 - 65

MAY, WALTER, *Die höfische Architektur in Dresden unter Christian I.*, in: Dresdner Hefte, 29 (1992) 1, S. 63 - 71

MAY, WALTER, *Die höfische Architektur in Dresden zur Zeit Johann Georgs II.*, in: Dresdner Hefte, 33 (1993) 1, S. 42 - 52

MENZHAUSEN, JOACHIM, *Kulturelle Entwicklungen unter Kurfürst Johann Georg II.*, in: Dresdner Hefte, 33 (1993) 1, S. 32 - 41

MENZHAUSEN, JOACHIM, *Das Dresdner Schloß im Barock*, in: Dresdner Hefte, 38 (1994) 2, S.32 - 41

MERTENS, KLAUS, *Anmerkungen zur Vorgeschichte des Geländes der Zwingerorangerie*, in: Kurt Milde (Hrsg.), Matthäus Daniel Pöppelmann und die Architektur der Zeit Augusts des Starken, Dresden 1990, S. 317 - 322

MILDE, KURT, *Zur Baugeschichte des Taschenbergpalais – Anmerkungen zum Pöppelmann-Stil*, in: Kurt Milde (Hrsg.), Matthäus Daniel Pöppelmann und die Architektur der Zeit Augusts des Starken, Dresden 1990, S. 146 - 169

OELSNER, NORBERT, *Zur baugeschichtlichen Entwicklung des Dresdner Schlosses im Mittelalter*, in: Dresdner Hefte, 65 (2001) 1, S. 22 - 32

OEXLE, JUDITH, *Die Stadtwerdung Dresdens aus der Sicht der Archäologie*, in: Dresdner Hefte, 65 (2001) 1, S. 13 - 21

PAPKE, EVA, *Festung Dresden. Aus der Geschichte der Dresdner Stadtbefestigung*, Dresden 1997

PRINZ, HENNING, *Die Raumgestaltung des Taschenbergpalais zur Zeit Friedrich Christians und Maria Antonias*, Teil 1 in: Jahrbuch der Staatlichen Kunstsammlungen Dresden 18 (1986), S. 141 - 163, Teil 2 in: Jahrbuch der Staatlichen Kunstsammlungen Dresden 19 (1987), S. 83 - 118

REICHEL, FRIEDRICH, *Zur Geschichte des Turmzimmers im ehemaligen Dresdner Residenzschloß*, in: Dresdner Kunstblätter 16 (1972) 5, S. 141 - 146

SCHNITZER, CLAUDIA und HÖLSCHER, PETRA (Hrsg.) *Eine gute Figur machen. Kostüm und Fest am Dresdner Hof*, Dresden 2000

SPEHR, REINHARD, *Archäologische Untersuchungen zur mittelalterlichen Baugeschichte des Dresdner Schlosses*, in: Dresdner Hefte, 38 (1994) 2, S. 11 - 19

SPONSEL, JEAN LOUIS, *Der Zwinger, die Hoffeste und die Schloßbaupläne zu Dresden*, Dresden 1924

Stadtlexikon Dresden, Basel 1994

SYNDRAM, DIRK, *Prunkstücke des Grünen Gewölbes zu Dresden*, München/Berlin 1994

SYNDRAM, DIRK, *Die Schatzkammer Augusts des Starken. Von der Pretiosensammlung zum Grünen Gewölbe*, Leipzig 1999

Das Taschenbergpalais zu Dresden. Geschichte und Wiederaufbau der sächsischen Thronfolgerresidenz, Dresden 1995

TSCHIMMER, GABRIEL, *Die Durchlauchtigste Zusammenkunft oder: Historische Erzehlung was...Herr Johann Georg Adnder, Herzog zu Sachsen...in Dero Residenz und Haubtvestung Dresden im Monat Februario des MDCLXXVIIIsten Jahres An allerhand Aufzügen, Ritterlichen Exercitien, Schauspielen... und anderen, Denkwürdiges aufführen und vorstellen lassen...* Nürnberg 1680

WATANABE-O'KELLY, HELEN, *Joseph und seine Brüder: Johann Georg II. und seine Feste zwischen 1660 und 1679*, in: Dresdner Hefte, 21 (1990) 1, S. 29 - 38

WECK, ANTONIUS, *Der Chur-Fürstlichen Sächsischen weitberuffenen Residentz- und Haupt-Vestung Dresden Beschreib- und Vostellung.* Nürnberg 1680

Bildnachweis

Landesamt für Denkmalpflege Sachsen:
Seite 18, 22, 23, 44, 76
Sächsische Landesbibliothek – Staats- und Universitätsbibliothek Dresden,
Abteilung Deutsche Fotothek:
Seite 14, 19, 20, 25, 26, 27, 30, 31, 32, 33, 34, 36, 37, 39, 41, 42, 43, 49, 51, 53, 54,
59, 60, 61, 62, 63, 64, 66, 68, 70, 72, 73, 79, 83, 84, 85, 86, 96
Staatliche Kunstsammlungen Dresden, Grünes Gewölbe:
Seite 16, 75, 77, 78, 87, 94, 108, 109, 112, 120
Staatliche Kunstsammlungen Dresden, Kupferstich-Kabinett:
Seite 35, 47, 55, 57
Christine + Günter Starke, Dresden:
Seite 2, 3, 8, 9, 10, 11, 12, 16u., 17, 42u., 55o., 69, 90, 91, 92, 93, 95, 96u., 97, 98,
99, 100, 101, 102, 103, 104, 105, 107, 108u., 109o., 110, 111, 113, 114, 115, 116,
117, 118, 119, 120u., sowie 121 bis 187

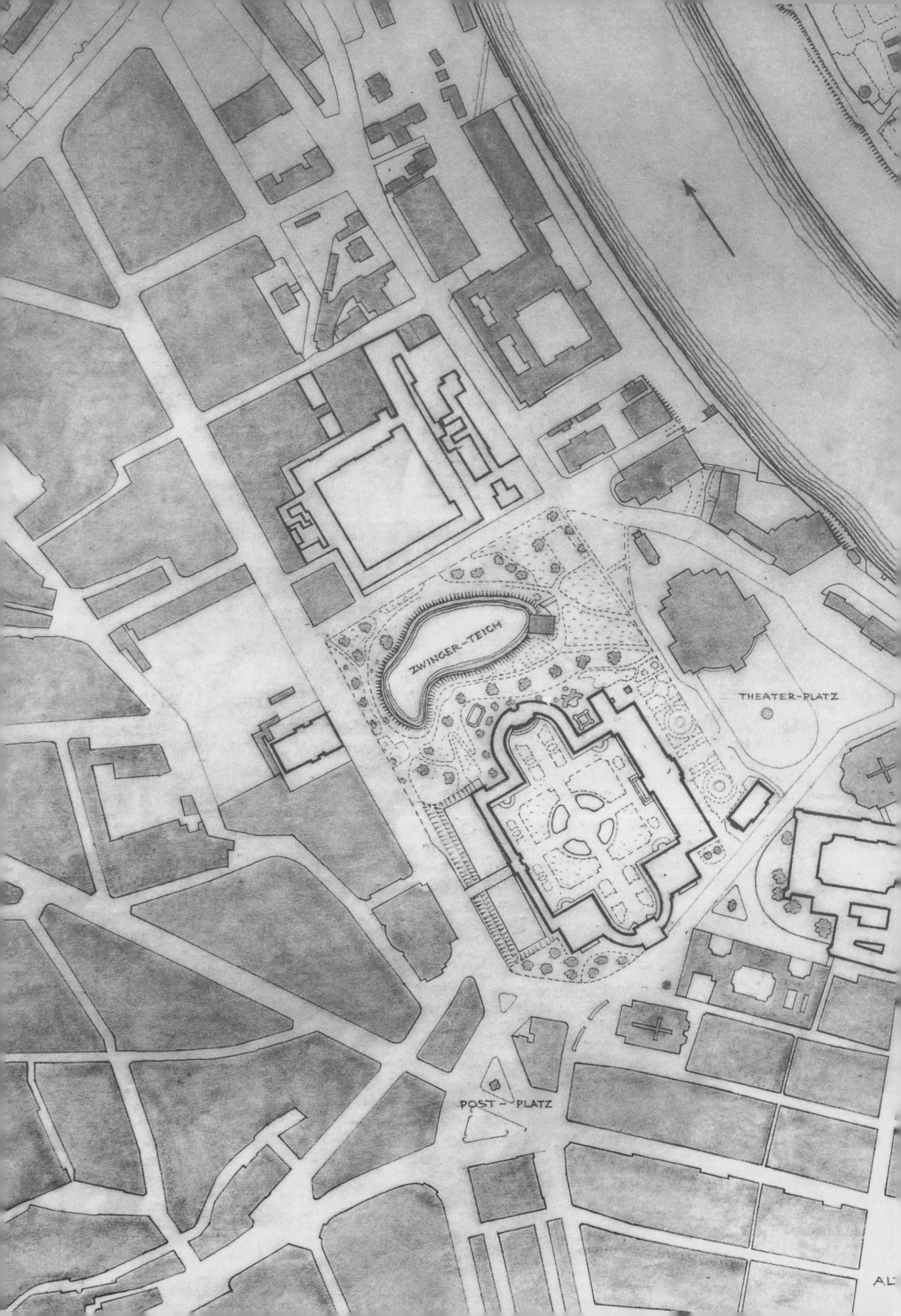

ZWINGER-TEICH

THEATER-PLATZ

POST - PLATZ